LA LIBERTÉ A-T-ELLE UN AVENIR ?

Edouard Balladur

La liberté
a-t-elle un avenir ?

Fayard

ISBN : 978-2-213-67095-9

Ma vie prendra fin au début du XXIe siècle ; de celui-ci je ne connaîtrai pas grand-chose. Ce que j'en vois m'inquiète : années des illusions perdues les unes après les autres, sans rien qui les remplace, comme si renaissaient sans cesse les vieux débats stériles. On l'observe bien aujourd'hui, c'est à qui ira le plus loin dans l'éloge du rôle salvateur de l'État. Cela passera.

Il y a des modes dans l'Histoire, pas seulement des cycles où la puissance passe d'un continent à l'autre. Au gré des circonstances, chacune à leur tour, les idées vont et viennent, de l'arrière-plan au devant de la scène avant d'être à nouveau rejetées. Les conformismes se succèdent, on s'empresse d'y adhérer, en croyant être dans le sens de l'avenir ; malheur à qui n'a pas su saisir la direction du vent : il paraît rétrograde. C'est bien ainsi : ne rien tenir pour établi à jamais, être prêt à s'adapter, surtout si les intérêts du moment le commandent, enrichit l'esprit ; c'est ce qu'il advient dans l'éternel débat entre l'intérêt de la collectivité et la liberté de l'homme.

Aux débuts de l'Histoire, tout homme était soit livré à lui-même dans sa dangereuse solitude, soit enserré dans un groupe qui, pour prix de sa protection, dominait son comportement, édictait la morale commune, sanctionnait les transgressions. Il comptait pour peu de chose ; la sauvegarde de l'intérêt collectif était la loi suprême. La civilisation moderne est née quand l'homme s'est insurgé, a revendiqué sa liberté, combattu pour elle. C'est tout le sens du progrès humain.

Le XIXe siècle a été l'âge d'or du libéralisme parce que l'aveuglement d'un égoïsme épanoui empêchait de se poser trop de questions. Puis, les guerres mondiales, totales, ont bouleversé les sociétés et disloqué les nations, les crises économiques nées du désordre du capitalisme ont jeté dans la misère des millions d'hommes. Ceux-ci se sont tournés vers l'État organisateur, protecteur, dispensateur d'assistance et de grâces ; c'était il y a un peu plus d'un demi-siècle. Recroquevillé sur lui-même, redoutant d'être mis en danger par une trop grande liberté, l'homme s'est senti moins fragile au fur et à mesure que lui étaient dispensées par l'État les aides publiques qui amélioraient ses moyens d'existence, dans le temps même où lui semblait de plus en plus insupportable l'oppression politique qui pesait sur lui dans les régimes totalitaires.

Le libéralisme sembla renaître ; cela n'eut qu'un temps ; il fut rapidement victime des événements comme des plus extrémistes de ses partisans, souvent convertis de la dernière heure : la mondialisation, la rapidité des échanges d'informations et de biens, la tyrannie de l'opinion et son émotivité, la crise d'un système économique qui semblait, en raison de la carence des États, fonctionner sans principes et sans règles, tout a conduit à discréditer le libéralisme. Il est devenu synonyme d'injustice, de désordre, dans un monde menacé de surpopulation et dont l'équilibre est remis en cause par l'émancipation de continents entiers qui récusent la prépotence séculaire de l'Occident.

*

La réaction est plus marquée en France qu'ailleurs en Europe. Au fil de notre histoire, la politique libérale est fugace, nous n'y avons recours que par accidents, elle nous laisse sur une impression de mauvaise conscience. J'en sais quelque chose : de 1986 à 1988, j'ai mené une politique économique de renouveau libéral reconnue comme telle dans le monde et dont les effets furent heureux. Il n'empêche, elle fut jugée responsable de l'échec de la droite à l'élection présidentielle qui suivit, il n'en fut plus question que pour la dénigrer. Cette brève parenthèse se refermait.

En 1993, j'eus pour ambition de la rouvrir en faisant justice des contresens, de lui redonner vie ; je connus quelques succès, mais, deux ans après, elle fut à nouveau rejetée au profit d'une politique où prélèvements publics et répartition prétendument sociale se justifiaient mutuellement. On voit aujourd'hui les résultats du choix fait en 1995.

Il est temps de susciter à nouveau une espérance, celle de la liberté. Ce n'est pas une cause perdue à jamais.

I

Le libéralisme, un optimisme lucide

Le libéralisme n'est pas responsable
de tous les maux du monde actuel

En 2008 est survenue une crise économique due au gonflement de la quantité de monnaie émise, à la distribution anarchique du crédit, à l'oubli par les établissements financiers de toutes les règles de prudence. Aussitôt, le libéralisme, déjà suspect par principe aux yeux de beaucoup, a été accusé d'en être la cause. À qui mieux mieux l'on s'est récrié, l'opinion dominante, qui naguère vilipendait tous les carcans, donnant un violent coup de balancier vers l'État, l'organisation, le contrôle. Tout éloge de la liberté est devenu dogmatique et passéiste, qualifié d'ultralibéralisme ; caricaturé, celui-ci est désormais synonyme d'égoïsme, de goût exclusif du profit financier, d'immoralité, de désordre, de refus de toute discipline collective destinée à défendre le bien commun.

Voilà qu'on lui reproche aussi de servir d'alibi aux dictatures qui tentent de moderniser l'économie de leur pays, qu'elles soient de droite comme naguère au Chili sous Pinochet, ou de gauche comme aujourd'hui dans la Chine communiste. Toute bonne foi abandonnée, dans leurs attaques contre la société libérale, les extrêmes convergent, qu'il s'agisse de la droite autoritaire, nationaliste, ou de la gauche égalisatrice, répartitrice. L'une et l'autre s'inspirent de la même démagogie, nient les mêmes réalités. L'une et l'autre ont tort.

Respecter la liberté de l'homme,
c'est reconnaître sa dignité

C'est la conviction que l'indépendance de pensée, d'expression, d'action de l'individu a une valeur irremplaçable ; mieux : qu'elle est le but le plus légitime que puisse s'assigner toute organisation humaine.

Le libéralisme, c'est l'histoire du progrès et de l'émancipation individuelle ; c'est la lutte contre l'autorité exclusive de la tradition qui s'imposerait comme allant de soi, le refus du conformisme ; c'est le libre examen qui conduit à la liberté d'agir.

L'histoire de la quête de liberté se confond avec celle des civilisations. Aucune n'a duré qui n'ait été fondée sur le respect de l'individu et de son indépendance. C'est en son nom qu'ont été rejetées toutes les dictatures, de gauche comme de droite, celles qui prétendaient créer de force un homme nouveau comme celles qui prétendaient le maintenir à jamais enserré dans les liens du passé.

Il y a deux siècles, quand naquit l'idéologie des droits de l'homme, on a cru au progrès des libertés, à leur succès sur tous les plans, politique, économique, intellectuel, moral ; on voyait dans l'indépendance de chacun, conjuguée avec le respect d'autrui, le but ultime de l'évolution humaine. Porté par un courant irréversible, le libéralisme paraissait vainqueur de la compétition entre idéologies.

Quel retournement ! Du fait des crises et des guerres, il n'allait pas tarder à susciter la plus grande méfiance, comme si l'homme redoutait d'être laissé à lui-même et que la peur de l'avenir, le manque de confiance en ses propres capacités le conduisaient à refuser une solitude redoutable. On veut déguiser l'hostilité au libéralisme en soif de justice, en besoin d'organisation, en refus du désordre. Explication partiale et partielle, la crainte de soi l'inspire : l'aventure de l'émancipation individuelle fait peur.

*L'homme doit avoir confiance en lui,
la liberté est le plus efficace instrument du progrès*

Un libéral n'est pas un pessimiste, il croit à sa capacité d'inventer plus qu'à la tradition, en lui-même plus qu'en l'autorité. Le socialisme n'est pas un optimisme, il se fonde sur la défiance envers la nature humaine, il n'a de cesse qu'il ne recoure à la règle et à la contrainte au nom d'un bien commun qu'il lui revient de définir.

Le libéral n'est pas à la recherche de l'absolu ; la connaissance et la maîtrise totale du monde lui semblent inaccessibles. À ses yeux, l'État doit avoir un rôle limité à l'essentiel afin que la liberté puisse s'épanouir dans ses improvisations heureuses comme dans ses errements.

Le libéral ne prétend pas détenir seul la vérité. Nul risque de totalitarisme. Domine en lui, imprégnée d'un peu de scepticisme, la tolérance qui respecte le pluralisme des convictions. Le libéral est modeste, il n'ambitionne pas d'imaginer un homme nouveau, de le créer s'il n'existe pas, de le forcer à atteindre un bonheur absolu. À ses yeux, nul ne peut imposer un bien commun qu'il définirait seul.

Mais, justement parce qu'il ne prétend pas inventer un homme nouveau, le libéral respecte l'homme tel qu'il est ; il préserve le droit de chacun à décider de son propre destin, à disposer des moyens de le défendre.

L'attachement à la liberté d'autrui exprime une exigence morale : nul n'étant dépositaire du bien absolu, nul ne sachant à lui seul quel il est, nul n'a qualité pour l'imposer aux autres. Le champ de la contrainte est limité.

Excès de modestie ? Le premier succès du libéralisme est d'être le système qui cause le moins de dégâts. Il suffit de comparer le bilan du monde communiste et celui du monde de la liberté : à l'actif de ce dernier, le dynamisme de l'économie, le progrès social, l'ouverture, la tolérance, le respect des diversités religieuses ou ethniques, les garanties offertes à l'individu, la souplesse et donc la solidité des institutions, l'adhésion générale aux principes de la société... À terme, c'est la liberté qui, en dépit des erreurs ou des reculs, garantit le mieux l'efficacité.

Le libéral reste lucide

Aucune naïveté : s'il a confiance en l'homme, le libéral ne le croit pas à l'abri de toute tentation ; pour lui, nul n'a le droit de nuire à autrui dans son propre intérêt, de compromettre le bien public par égoïsme, pire, par avidité. Il ne se fie pas au désordre, se défie de la violence née de la rivalité des ambitions individuelles en quelque domaine qu'elles se déploient, économie, politique, mœurs. La liberté trouve sa limite dans l'intérêt général ; aucune société ne survit dans l'acceptation de l'anarchie.

Autres raisons en faveur d'une liberté dotée d'institutions destinées à éviter les abus : celles invoquées par Tocqueville. On insiste sur les origines aristocratiques de ses conceptions politiques pour mieux les juger surannées. Il est vrai qu'il voyait dans la démocratie et le suffrage universel un risque de nivellement des conditions ; qu'à ses yeux la liberté était l'antidote de la démocratie égalitaire ; que, pour lui, le despotisme né de la Révolution française se traduisait par un arasement risquant de produire des citoyens passifs et complaisants ; que les Français dans leur ensemble n'avaient pas été formés à l'esprit de liberté, mais à celui d'assistance et de soumission.

Même si ses craintes semblent aujourd'hui quelque peu datées, l'essentiel de son analyse demeure juste : qu'est donc la volonté de faire le bien des hommes malgré eux, voire contre eux, sinon l'ambition du socialisme ? À quoi a-t-elle si souvent conduit, sinon à un retour du despotisme ? Combien le XXe siècle n'offre-t-il pas d'exemples des tentations tyranniques des démiurges, aggravées par les facilités qu'offre le progrès technique !

Il est possible de remédier aux risques de la liberté

Pour le libéral, la société doit reposer sur un équilibre organisé entre les forces diverses qui la composent, et les institutions garantir le bon usage par tous de la liberté et le respect du droit.

Il faut tenir les deux bouts de la chaîne : ordre et justice. La liberté individuelle n'est pas totale, elle doit respecter les principes définis par un ordre juridique qui réprime les excès et fait bénéficier chacun du progrès général, évitant qu'un usage incontrôlé de la liberté ne devienne un abus au profit de quelques-uns.

Le culte de la liberté est un tout, un équilibre juste. Né en Occident, héritier des Lumières, il ambitionne une organisation des activités humaines fondée à la fois sur le respect de la liberté et sur celui du droit qui la réglemente. Il ne s'agit pas de tenir pour intangible un état de nature où tout serait permis, ni d'obéir aux directives d'une autorité dont le recours à la contrainte serait la seule fin. La liberté inspire l'activité humaine dans tous les domaines : intellectuels, où elle repose sur la tolérance politique et le pluralisme des opinions ; matériels, où elle est seule susceptible de créer la richesse sans laisser libre cours à l'abus et à l'accaparement.

Le libéralisme doit s'accompagner d'un ordre durable afin d'éviter l'injustice et l'anarchie lorsque les volontés humaines sont laissées à elles-mêmes sans que le respect d'aucun principe leur soit imposé. Il ne s'agit pas plus de nier les droits de la société que ceux de l'individu, mais de ne pas tout permettre à l'un comme à l'autre. Cette conception équilibrée qui rejette les excès, ce refus d'être le partisan sans nuance d'une liberté totale, est-ce là fadeur, tiédeur, recherche à tout prix d'un juste milieu ? En rien.

Le libéralisme est aux antipodes de l'égoïsme, ce n'est pas le contraire de la solidarité ni d'une société policée. Il exprime une certitude : que la fin suprême de l'Histoire, c'est l'homme, pas la société.

La liberté est un tout indivisible

Un des thèmes favoris du débat français qui fait sa fâcheuse originalité : liberté politique et liberté économique n'iraient pas de pair, on pourrait à bon droit pratiquer l'une et pas l'autre. Or, en vérité, elles sont étroitement liées, se renforcent mutuellement, faute de quoi elles sont l'une et l'autre dévoyées.

La liberté politique sans liberté économique est un leurre : on voit ce qu'il en est dans les régimes démocratiques où l'activité est étroitement contrôlée par l'État ; la social-démocratie, recours contre les désordres et les injustices du début du XXe siècle, utilise des mécanismes si pesants et complexes qu'elle peine aujourd'hui à s'adapter à l'évolution du monde. Elle n'y parviendra pas.

La liberté économique sans liberté politique engendre l'oligarchie d'État ; l'efficacité qu'elle prétend retirer de l'absence de contrôle public, jointe à un discours de justice égalitaire, revêt la dictature d'un manteau vertueux qui peine à dissimuler ses vices. Les dictatures de gauche ne sont pas plus honorables que les dictatures de droite, seuls diffèrent les alibis – la justice, l'ordre social – derrière lesquels elles tentent de dissimuler leur véritable nature.

Comme en tous domaines, seul vaut un équilibre stable entre la liberté et l'ordre, l'une corrigeant l'autre, mais la liberté demeurant la référence suprême, la seule, malgré sa fragilité, à garantir la durée. Les régimes excessifs sont fragiles, sauf à recourir à la terreur qui ne recule devant rien, ce qui a permis à l'histoire soviétique de durer soixante-dix ans.

L'éloge de la liberté sans frein serait la
« pensée unique » du moment, idéologie dominante
qui ferait peser sa contrainte sur les esprits

Autre triste originalité du débat français ! Rien n'est plus absurde : c'est le contraire qui est vrai. La « pensée unique » en France est d'inspiration social-démocrate, égalitariste. Faisant volontiers l'apologie de la rupture, de la révolution afin de mieux figer l'ordre établi fondé sur la conservation des droits acquis, elle est hostile à la réforme progressive, préfère au contrat la règle édictée par l'État. Toujours à la recherche de l'unanimité, elle est méfiante envers la diversité des opinions dans un peuple qui cultive querelles et divisions.

Il est peu de pays où la liberté soit plus critiquée. Loin d'avoir accaparé le pouvoir politique et intellectuel, elle en a été évincée longtemps. Après une rémission, voici qu'à la faveur de la crise mondiale la tentation étatiste reprend de plus belle, comme si c'était la liberté qui était responsable du désordre, et non pas les États, producteurs de déficits publics et d'endettement nés de leur démagogie.

Aucun fatalisme ne joue en faveur de la liberté

Rien n'est jamais garanti, nul ne sait dans quel sens souffle le vent de l'Histoire. Jadis, on a cru qu'il portait à l'émancipation individuelle. C'était une illusion. Les désordres et les injustices ont renforcé le besoin de protection, relançant le risque de ce que Raymond Aron qualifiait de « despotisme tutélaire », devenu l'alibi de l'oppression.

Mais si la liberté était laissée à elle-même, sans règles, sans institutions ni ordre stables, c'est la tyrannie qui, par contrecoup, constituerait l'inévitable danger.

Seule la liberté ordonnée permet aux hommes de choisir leur histoire.

II

La liberté organisée
protège l'homme contre le pouvoir
sans nuire à l'efficacité de son action

Comment soumettre au respect
des droits de l'homme un système politique
fondé sur la démocratie majoritaire
issue de la volonté générale ?

Longtemps nous avons cru à la valeur universelle de la conception occidentale de la liberté : le pluralisme des partis, la liberté d'opinion, la liberté d'association, l'origine populaire du pouvoir constituaient notre credo. La France se contemplait et s'autocélébrait comme le pays des droits de l'homme, elle était censée avoir pour vocation de conduire les peuples vers la lumière.

Voici venu le temps du doute.

Les générations passées se faisaient beaucoup d'illusions que dissipe le spectacle qu'offre aujourd'hui le monde. Le libéralisme n'est pas nécessairement destiné à triompher, la mondialisation économique n'entraîne pas forcément le succès de la démocratie, pas plus que la décolonisation n'a enraciné le goût de la liberté au sein des nations jadis dominées par l'Occident.

Dans les pays où règne la démocratie libérale, qui sont encore une minorité, le premier mouvement de l'opinion la porte à reconnaître de manière si extensive, face à la collectivité, les prérogatives de l'individu, sa liberté de s'exprimer et d'agir, que l'esprit général semble la porter à l'anarchie ; dans le même temps, le souci de justice sociale, celui de la sécurité, la nécessité de lutter contre le terrorisme tendent à remettre en cause les libertés individuelles traditionnellement reconnues, y compris en Grande-Bretagne, première nation au monde à les avoir définies et pratiquées. L'Occident, qui se voulait l'apôtre de la liberté, peine à résoudre cette contradiction.

*Contrairement à ce qu'affirmait Clemenceau,
la Révolution française n'est pas un « bloc »*

Ce contresens, les ennemis de la liberté l'ont répété à satiété. Quoi de commun entre la Déclaration des droits de l'homme et du citoyen, la Constitution de 1791, les relations entre les pouvoirs législatif et exécutif organisées de telle sorte qu'aucun ne puisse, sans violation de la loi, l'emporter sur l'autre, et le régime issu du 10 août 1792, la dictature exercée par une minorité organisée du peuple parisien sur l'Assemblée, celle exercée par l'Assemblée sur tous les rouages de l'État, la Terreur, la guerre civile, les massacres organisés, l'apologie de la violence meurtrière ? Il y a eu, dans la Révolution, deux moments si différents qu'il ne s'agit plus de la même. Seul un sectarisme étroit, joint à son intérêt politique, pouvait conduire Clemenceau à le nier. La Révolution n'est un bloc qu'aux yeux de ceux qui dénient toute légitimité à la liberté individuelle. L'héritage de la Convention, revendiqué par Lénine et Trotski, c'est la dictature d'une minorité agissante prétendant parler au nom d'une majorité réduite à la servitude, la déification du pouvoir central, le terrorisme issu de la Terreur, héritage français légué aux révolutionnaires. Funeste lignée !

Rejeter l'individualisme sans frein comme le jacobinisme despotique : cela fait deux siècles que la France a du mal à y parvenir parce qu'elle n'arrive pas à choisir durablement de laquelle des deux révolutions elle se veut l'héritière ! Pourtant, le choix est clair, la voie à suivre, simple, d'autres nations ont eu moins de peine que nous à l'emprunter : la société peut tenir le rôle qui est le sien sans porter atteinte à la liberté individuelle.

L'individualisme sans loi génère l'atomisation de la société, l'homme y est isolé, sans lien fort le reliant à ses semblables ; cette solitude peut être évitée en rassemblant les hommes autour d'un idéal commun qui cimente la société. Pour y parvenir, nul besoin de magnifier le jacobinisme uniformisateur et centralisateur qui fait des citoyens passifs les clients du pouvoir, leur promettant que, pour prix d'un conservatisme docile, leurs intérêts seront préservés ; qui, sous prétexte de rechercher l'égalité et la justice, organise le nivellement et légitime le despotisme pesant sur un peuple réduit à l'uniformité.

La liberté corrige les risques de la démocratie

Fondée sur la légitimité du pouvoir de la majorité du peuple censée exprimer la volonté générale – quelle autre légitimité serait acceptable ? –, la démocratie recèle aussi des risques et des contradictions.

On reproche au culte de la majorité de conduire à l'égalisation générale des conditions, à un nivellement social favorisant l'oppression. C'était la crainte de Tocqueville qui assimilait volontiers démocratie et jacobinisme. N'est-ce pas le contraire qui s'est produit depuis plus d'un siècle ? La prodigieuse transformation économique due au capitalisme libéral a entraîné une élévation générale du niveau de vie tout en accentuant, il est vrai, une inégalité sans précédent des revenus et des richesses. On est loin d'un nivellement ! Qu'on s'en réjouisse ou qu'on les déplore, ces inégalités, dans leurs manifestations intolérables, sont dues à des dévoiements de la liberté.

Les élections fréquentes, consubstantielles à l'exercice de la démocratie majoritaire, empêcheraient les gouvernements, empêtrés dans leurs intérêts électoraux à court terme, d'agir avec courage pour préparer l'avenir ? Raisonnement étrange qui reconnaît au seul pouvoir politique la capacité d'action dans la durée. Or, sa responsabilité consiste à mettre en place des institutions qui permettent à l'homme de décider et d'entreprendre lui-même ; c'est ainsi que la politique est empêchée d'empiéter sur le champ de la liberté.

La démocratie, fondée sur la prééminence d'une majorité exprimant la volonté générale, nuirait aux droits des minorités et donc aux libertés individuelles ? C'est en effet un des traits de la culture autoritaire jacobine fondée sur la légitimité absolue de la majorité. Mais, là encore, le recours à la liberté permet d'éviter la souveraineté illimitée de celle-ci, définit les garanties reconnues à chacun, assure le respect des droits de l'homme.

Seul un régime libéral est à même de résoudre les contradictions de la démocratie, d'éviter l'absolutisme de la loi majoritaire.

Le malheur français

Durant deux siècles, la France a été incapable de bâtir un État démocratique fondé sur la liberté, incapable de choisir entre les deux révolutions françaises dont elle se voulait à la fois l'héritière, de choisir des institutions stables auxquelles parvenaient nombre des nations voisines. Elle a manqué son entrée dans le monde moderne.

À travers les insurrections, les révolutions, les émeutes, les guerres, elle a tout essayé : monarchie constitutionnelle, dictature d'une assemblée elle-même soumise à la tyrannie des mouvements de rue organisés par un parti, dictature exercée par un homme appuyé sur l'armée, république présidentielle, régime d'assemblée où la multitude des partis entraînait une constante instabilité gouvernementale. Une quinzaine de régimes en moins de deux cents ans !

La France l'a payé cher. À la fin de l'Ancien Régime, elle était encore la première puissance économique et militaire en Europe ; en 1815, c'était fini. Jamais elle ne put recouvrer son rang, trop occupée qu'elle était à chercher désespérément le meilleur régime, à en changer pour un autre, toujours insatisfaite, toujours déçue. Tandis qu'elle s'épuisait, l'Angleterre, l'Allemagne, puis les États-Unis la surclassaient. L'incapacité à bâtir un État stable, à définir clairement les rapports entre les pouvoirs et la place de la liberté, a coûté à la France sa puissance. Accaparée par ses débats et ses dissensions internes, elle a laissé passer sa chance de conserver la première place qui était à sa portée. Elle ne l'a jamais retrouvée ni sur le plan démographique, ni sur le plan économique, ni sur le plan militaire. Son inaptitude à se doter d'institutions solides, son irrésolution l'ont mené en 1940 jusqu'au pire effondrement de son histoire. Elle faillit y laisser la vie. Si elle avait su conjuguer la liberté reconnue à l'individu et l'efficacité des pouvoirs d'État, elle aurait évité l'humiliation en trouvant son inspiration dans la première de ses révolutions. Elle eût alors adopté un régime politique comparable à celui qui, pour l'Angleterre, ne donna pas de si mauvais résultats. Hélas, malgré le désastre de 1940, elle revint au régime d'assemblée, fut à deux doigts d'abdiquer le pouvoir entre les mains d'une armée ulcérée par les incohérences d'une politique de décolonisation dont nul ne savait plus quelle pouvait être l'issue. Heureusement, grâce au retour de De Gaulle, ce fut dans notre histoire une seconde résurrection après celle de 1944.

*Pour la première fois depuis 1789,
de Gaulle a fait adopter des institutions associant
efficacité de l'État et respect de la liberté*

C'était comme si la France avait enfin trouvé sa voie. La Ve République est un régime sans précédent dans notre histoire. Elle conjugue un État central toujours puissant à une monarchie républicaine qui confère l'essentiel du pouvoir à un homme seul au motif qu'il est élu directement par le peuple tout entier : face à l'Assemblée des députés également élus au suffrage universel, il campe avec des prérogatives que ne détient nul autre chef d'État dans aucune démocratie.

Ainsi, après le marasme du régime d'assemblée, le balancier repartait loin dans l'autre sens. Du moins cette concentration de l'autorité eut-elle longtemps des effets heureux : la stabilité politique, la force permettant de triompher de l'émeute, comme en mai 1968, le redressement économique, celui de la monnaie, la revitalisation de nos industries, la diffusion du bien-être, l'élévation du niveau de vie, l'indépendance de la politique étrangère liée à la possession de la force de frappe, la construction progressive d'une Europe réaliste laissant leur rôle aux nations. Certes, tout n'était pas dû à ces institutions nouvelles, mais elles permirent beaucoup. La France avait recouvré son prestige et quoi qu'on ait pu prétendre, les Français en étaient fiers.

Les années passant, la résurrection du pouvoir montra ses dangers : la puissance excessive de ses détenteurs, leur solitude, parfois leur éloignement du sentiment populaire ; le Parlement, au rôle encadré grâce à d'innombrables verrous, semblait asservi ; l'esprit courtisan imprégnait les comportements envers celui que le peuple avait élu ; indispensables à tout régime démocratique, les contre-pouvoirs étaient réduits à peu, impuissants à inciter, à empêcher, à éclairer et à contraindre.

L'idée se répandait que la Ve République devait être réformée dans un sens plus démocratique

Une étape après l'autre, le Conseil constitutionnel étendit ses pouvoirs, la décentralisation progressa, le mandat présidentiel fut raccourci, un statut moins contraignant échut aux magistrats. C'était encore trop peu.

En 2007, je fus appelé à présider un comité chargé de procéder à une révision plus ambitieuse de nos institutions. L'essentiel de nos propositions fut retenu, le rôle du Parlement accru, les pouvoirs du Président limités. Les Assemblées acquirent une plus grande maîtrise de leur ordre du jour ; moins soumises à la contrainte de l'exécutif, elles peuvent contrôler mieux celui-ci dans les buts comme dans les moyens de sa politique. Parfois, l'on a le sentiment qu'elles éprouvent quelque timidité à se saisir des pouvoirs nouveaux qui leur ont été attribués.

Demeure la contradiction initiale : dans les faits, sinon en droit, le gouvernement tenant sa vie à la fois du Président et de l'Assemblée, le risque de conflit entre les deux est loin d'être exclu, et l'appel à l'arbitrage du peuple peut ne pas donner les résultats espérés ; en découle alors un système où, selon les circonstances, le pouvoir va et vient du Président au Premier ministre, ce dernier tirant sa légitimité de la seule Assemblée. On a vu les inconvénients de la cohabitation sans que la paix ni la prospérité publiques aient eu pour autant à en pâtir.

Pour éviter une telle issue, faut-il aller plus loin encore, mettre fin à la responsabilité du gouvernement devant l'Assemblée, en contrepartie supprimer le droit conféré au Président de dissoudre celle-ci, ainsi que limiter davantage le pouvoir qu'il détient de faire pression sur elle pour obtenir le vote des lois qu'il propose ? Il n'est pas évident qu'il faille imiter sans précaution l'exemple américain. Il est vraisemblable que nos institutions conserveront à l'avenir leur caractère étrange : n'ont-elles pas assuré une stabilité du pouvoir inconnue sous les républiques précédentes ?

Le citoyen est, mieux que le Parlement,
en mesure de défendre sa liberté.
Encore faut-il lui en donner les moyens

Le contrôle de la constitutionnalité des lois n'était pas dans la tradition française, elle l'estimait contraire à la souveraineté du Parlement, expression suprême de la démocratie. Là aussi, la Ve République a innové, d'abord timidement, en ne permettant ce contrôle qu'avant la promulgation de la loi. Depuis 2008, le pas a été franchi : tout justiciable contre lequel est invoquée devant un tribunal une loi qu'il estime contraire à la Constitution peut demander à la Cour de cassation ou au Conseil d'État de saisir le Conseil constitutionnel pour en juger. Si ce dernier lui donne raison, la loi n'est pas applicable, eût-elle été en vigueur depuis des dizaines d'années, voire davantage. Cette réforme quasi révolutionnaire permet à chacun de faire respecter ses droits fondamentaux par une autorité non élue dont les décisions l'emportent sur celles votées par le Parlement. Encore faut-il que le Conseil constitutionnel n'interprète pas de façon erronée le texte de la Constitution et les principes fondamentaux qui l'inspirent. En pareil cas, c'est au gouvernement de faire appel au pouvoir constituant en lui demandant de trancher soit par un vote du Parlement réuni en Congrès – comme je l'y ai pour la première fois invité en 1993 à propos du droit d'asile – soit par référendum ; le pouvoir constituant appartient au peuple, ses décisions s'imposent au Conseil constitutionnel.

La mise en œuvre de cette procédure nouvelle a donné lieu à quelques difficultés. Il conviendrait de définir plus précisément les relations entre les trois juridictions suprêmes et de mieux affirmer les prérogatives du Conseil constitutionnel en permettant aux justiciables de le saisir directement contre une décision du Conseil d'État ou de la Cour de cassation refusant que lui soit transmise une exception d'inconstitutionnalité. Mais ce ne serait compris et admis que si le mode de nomination et la composition du Conseil constitutionnel étaient modifiés afin que l'origine politique de ses membres y tienne une place moindre, leur compétence juridique une plus grande. Nous n'en sommes pas encore là.

Rien ne sera simple, car c'est tout l'édifice législatif qui pourra désormais être modifié à la demande des justiciables et – paradoxe apparent – par une autorité non élue. Le rôle d'arbitrage du Conseil constitutionnel en sera renforcé, la défense de la liberté individuelle face au pouvoir, mieux assurée.

*Depuis des siècles, la France peine
à assurer au corps judiciaire un statut stable*

L'impossibilité de parvenir à fonder de manière durable un statut de la justice témoigne de la difficulté française à concilier la liberté de l'individu et l'autorité centralisatrice et uniformatrice de l'État. De tous les pays d'Occident, le nôtre est le seul dans lequel le problème soit constamment débattu, remis en permanence sur le chantier, jamais résolu.

Le double objectif est clair : indépendance de la justice, garantie de la qualité de ses décisions ; esprit de responsabilité des magistrats les éloignant de tout égoïsme corporatiste et de toute allégeance partisane. La France n'a jamais pu atteindre les deux à la fois, pas plus sous l'Ancien Régime que depuis la Révolution. À tour de rôle, la monarchie comme la République ont lutté contre le corps judiciaire, tenté de l'asservir, sans succès avant 1789 quand le conflit entre le pouvoir politique et lui fit exploser des institutions séculaires, avec plus d'efficacité au siècle suivant. Au XXe siècle, l'affrontement entre pouvoir politique et corps judiciaire a repris de plus belle, la recherche d'une solution stable demeure à l'ordre du jour ; l'un a du mal à admettre la complète indépendance de l'autre, lequel éprouve quelque difficulté à accepter une autodiscipline qui lui éviterait de se voir reprocher de prétendre constituer un pouvoir échappant au contrôle de quiconque. Comme si, quels que soient les gouvernements et les majorités, l'on n'avait le choix qu'entre la politisation de la justice et le corporatisme des magistrats. La solution apportée à la honteuse affaire d'Outreau comme au sort de ses protagonistes n'a rien arrangé.

C'est en France et dans nos traditions qu'il faut chercher une solution assurant l'équilibre entre des exigences qui semblent contradictoires, sans s'inspirer à tout prix de modèles étrangers dont les vertus restent à démontrer : le modèle américain, fondé sur l'élection des juges et des procureurs, n'est pas exempt de défauts, la politisation et les contradictions de la jurisprudence selon les États n'étant pas les moindres. Reste que l'élection des juges, si elle présente de graves inconvénients, assure à ceux-ci une légitimité que nul ne peut leur contester ; ce n'est pas le cas de juges simplement issus d'un concours administratif et dont la carrière dépend le plus souvent de l'appréciation de leurs pairs, beaucoup plus rarement de décisions gouvernementales.

Il ne saurait être question de soumettre les décisions judiciaires à un contrôle incessant du pouvoir souverain du peuple exprimé par le Parlement ou par le référendum, comme ce fut le cas pour le Conseil constitutionnel, lui aussi nommé par le pouvoir politique. La seule voie imaginable, c'est une autodiscipline mieux garantie qui éloigne le corps judicaire des propensions au corporatisme comme à la politisation. Elle reste à trouver.

La liberté individuelle ne peut être respectée sans que la question de l'autorité judiciaire, de son statut, de son indépendance comme de sa responsabilité, du contrôle de ses décisions soit réglée. La France ne pourra demeurer indéfiniment une démocratie où cette question n'a pas trouvé sa solution.

*Jusqu'où la décentralisation
doit-elle limiter l'autorité de l'État ?*

C'est l'un des contre-pouvoirs les plus nécessaires. C'est aussi l'un des instruments les plus sûrs pour mesurer le degré de liberté des citoyens.

L'histoire de la France porte témoignage de la lutte constante entre l'État central et les pouvoirs locaux, le premier invoquant l'intérêt de la nation entière, les seconds se prévalant de leur légitimité traditionnelle.

Unité contre liberté : c'est la recherche de l'unité qui a prévalu sous l'Ancien Régime, la Révolution, l'Empire, la République d'inspiration bien plus jacobine que girondine. Curieusement, il a fallu attendre la Ve République, née de la volonté de restaurer l'autorité de l'État, pour que la décentralisation fasse quelques progrès. C'est de Gaulle qui donna le branle, invoquant la nécessité de « lutter contre le mouvement multiséculaire de centralisation » ; sa tentative fut mise en échec, entre autres par le Sénat, émanation des « collectivités territoriales », qui défendait sa propre existence, mais le mouvement était lancé : désormais, on pouvait vouloir émanciper les pouvoirs locaux d'une trop lourde tutelle centrale sans être soupçonné de porter atteinte à l'autorité de l'État et à l'unité de la nation. Les lois succédant aux lois, en quelques années tout le paysage a changé : les dirigeants des collectivités locales ont acquis compétences, influence, prestige politique, au prix d'un certain désordre et de gaspillages nés de la prolifération des initiatives. À nouveau je fus appelé à présider un comité destiné à proposer plus de clarté et d'efficacité dans l'exercice des pouvoirs locaux. Nous fîmes des propositions ambitieuses et réalistes à la fois. L'expérience et l'avenir diront ce qu'il en adviendra. Je ne suis pas très optimiste…

Peut-il y avoir liberté pour le citoyen sans reconnaissance des libertés locales ? Évidemment non. La liberté reconnue à chacun d'influer sur les choix collectifs, définition même de la démocratie, ne doit pas être limitée au niveau national ; la démocratie locale constitue elle aussi un des caractères d'une société libérale.

Qu'elle soit parfois dévoyée, qu'elle complique la gestion du pays, qu'elle se traduise par des dépenses inutiles et des impôts trop lourds, qu'elle soit source de multiples conflits d'intérêts, qu'elle permette la constitution de féodalités au sein desquelles la tolérance n'a guère de place, rien de cela n'est discutable. Malgré ces défauts et bien d'autres, la démocratie locale est indispensable au dynamisme de la société et à l'épanouissement de l'individu.

Ce qui est ici en cause, ce n'est pas son principe, ce sont ses modalités. La réforme est à portée : réduire les niveaux de décision pour chasser les complications inutiles, inciter au regroupement de collectivités trop nombreuses et de tailles inégales, mieux contrôler les dépenses, sanctionner plus efficacement les erreurs, les manquements à la loi, mettre fin au cumul des mandats, source de sclérose ; tout cela a été entrepris et devrait être accentué sans porter atteinte à l'inspiration de base, la décentralisation, consubstantielle à la liberté.

La même volonté d'équilibre doit conduire à conférer aux collectivités locales une puissance véritable, fondée sur des moyens qui leur soient propres et dont elles puissent user librement, mais proportionnés aux possibilités de la nation et aux besoins des individus. Ce n'est pas seulement la structure des pouvoirs locaux qu'il faut revoir pour la simplifier et la rendre plus efficace, c'est la prolifération des autorités, l'enchevêtrement des compétences, la multiplicité désordonnée des financements, source de gabegie, qu'il faut réviser. C'est toute la relation des collectivités locales avec l'État qui est à revoir afin qu'il soit admis que l'action locale, sauf à devenir un facteur d'anarchie, se développe dans le cadre d'une politique générale qu'il appartient à l'État de définir et de contrôler.

Tout est-il réglé, la situation actuelle
est-elle satisfaisante ?

Bien d'autres réformes seraient utiles encore pour corriger la Ve République de ses défauts : que la prolifération des candidatures à l'élection présidentielle soit évitée en réformant les règles de présentation, qu'élection présidentielle et élections législatives aient lieu aux mêmes dates afin d'éviter que le pays ne soit plongé trop longtemps dans la période électorale, que le Parlement retrouve un rôle permettant un meilleur équilibre des pouvoirs, que le Conseil constitutionnel puisse accomplir sa mission de régulateur suprême de l'État de droit, que le corps judiciaire conjugue souci scrupuleux de son indépendance et sens de ses responsabilités qui lui interdit les prises de position partisanes, que la décentralisation n'ajoute pas à la complexité et à la lourdeur de notre administration, mais fasse utilement contrepoids à la toute-puissance de l'État central.

Ces réformes indispensables seront-elles accomplies ? S'y opposent l'inquiétude répandue dans l'esprit de

Français qui doutent d'eux-mêmes, de leurs talents, de leur avenir, comme s'ils se sentaient rejetés aux marges de l'Histoire ; la méfiance aussi envers la liberté, présentée comme destructrice de toute protection, génératrice d'injustices, ne favorise guère une évolution raisonnable.

Les Français donnent l'impression d'osciller entre forfanterie et autodénigrement. Ils ont besoin de se convaincre que beaucoup leur est possible, à condition de faire confiance à la liberté.

Quelques peurs françaises
– la tentation autoritaire

Ces peurs encombrent l'imagination et stérilisent les volontés : peur du monde dont les secousses atteignent la France qui aimerait bien ne pas en ressentir les effets ; peur des pays concurrents, voisins ou plus lointains, dont l'activité s'épanouit aux dépens de la nôtre ; peur des désordres de l'économie et de la finance, l'Occident, qui se croyait tout-puissant, découvrant combien il est dépendant des autres ; peur des peuples autrefois subjugués, dont les rivalités déchirent la paix, menacent la stabilité ; peur de la violence qui abîme les sociétés libérales au sein desquelles les groupes ethniques et religieux s'affrontent ; peur de la destruction des hiérarchies traditionnelles qui, depuis toujours, inspiraient les mentalités et gouvernaient les comportements.

Les Français rêvent d'apaisement, ils voudraient être tranquilles ; ils ne le seront pas. En colère contre les désordres en tout genre qui secouent la planète, choqués, droite et gauche confondues, du procès fait à leurs convictions traditionnelles, ils en appellent à l'autorité, à la protection, à la préservation de ce qu'ils jugent être leurs droits élémentaires, politiques, moraux, sociaux, nationaux.

Du coup, comment ne pas voir dans le libéralisme un facteur de désordre, d'imprévisibilité, de fragilité ? Comment lui faire confiance alors qu'il est ressenti comme détruisant le monde d'aujourd'hui sans que se dessine pour autant celui de demain ? Pourquoi respecter à tout prix les libertés, comment ne pas être tenté de les limiter ?

*La religion de l'opinion publique
ne favorise pas la tolérance*

On aurait pu imaginer le contraire : savoir ce que pensent les autres, et pourquoi ils le pensent, devrait permettre de les comprendre, à défaut de les approuver. Il n'en est rien. Les polémiques se succèdent, inspirées par la marée montante des sondages qui se contredisent et dont le commentaire nourrit l'essentiel du débat public.

Dans la société domine un esprit commun sans que soit reconnu à chacun le droit d'être différent, de penser autrement. Le conformisme règne mais il est exceptionnel que l'on parvienne à s'accorder sur une question d'intérêt national. L'attention portée aux réactions de l'opinion publique nourrit les dissensions plus qu'elle ne favorise les rapprochements parfois nécessaires au fonctionnement serein de la démocratie libérale. Jugé responsable de ces renaissantes divisions, le culte de la liberté est ressenti comme délétère. Les tentations autoritaires naissent aussi de là.

Vertus et dangers des corps intermédiaires

Comme le pensait Tocqueville, tout ne doit pas être sacrifié à l'unité nationale et au vœu du peuple, fût-il prétendument unanime ; l'« intérêt général » n'est jamais vraiment général.

Au même titre que les libertés individuelles, les libertés collectives doivent être garanties, qu'elles soient territoriales ou professionnelles ; pour y parvenir, il faut s'accommoder de la diversité des solutions qui seule permet de s'adapter à celle des situations. Sous réserve que l'intérêt collectif soit préservé, tout ce qui la favorise est bon. Refus de l'uniformité, protection de la minorité : tels sont les critères de la liberté.

Le pouvoir doit être équilibré, partagé, tout en permettant l'action. Il y parvient d'autant mieux qu'il existe des contre-pouvoirs puissants et reconnus. Il en est de traditionnels : le Parlement, l'appareil judiciaire, les collectivités territoriales. Il en est de nouveaux : les entreprises, les syndicats, les groupes d'intérêt de toute nature, dont la liberté d'association permet la création, les moyens modernes de production et de diffusion de l'information.

Tous permettent de fortifier un pluralisme toujours menacé, tant le poids de la technique et des propagandes pèse sur les esprits. Mais, reconnus et légitimés, ils constituent des réseaux qui intimident le pouvoir politique, pèsent sur sa volonté, paralysent son action. Ils contribuent à garantir à l'excès le maintien de situations acquises, à sanctuariser le statu quo, à ralentir sinon à interdire les réformes, donc à scléroser la société. Il n'empêche : on ne saurait s'en passer.

Tocqueville écrivait : « Je crois la liberté en péril lorsque le pouvoir ne trouve devant lui aucun obstacle qui puisse retenir sa marche et lui donner le temps de se modérer lui-même. » Conseil utile pour jours calmes : on peut alors se laisser aller à quelque gaspillage de temps ; quand les tempêtes se lèvent, c'est tout autre chose.

Les vertus des corps intermédiaires l'emportent sur leurs inconvénients. Qui croit à la liberté ne pense pas que le pouvoir central soit habilité à tout faire seul.

En France, il n'est guère de terme
plus impopulaire que le libéralisme

Il serait le symbole de tous les excès, qualifié nécessairement d'« ultra », synonyme d'injustice et de désordre. La liberté politique est jugée responsable de l'affaiblissement de l'État qui ne serait plus en mesure d'assurer la sécurité, de favoriser la justice sociale, de promouvoir le progrès économique ; sur le plan international, l'idéologie libérale dissuaderait les États d'instaurer un ordre mondial stable comportant nécessairement des contraintes. On ajoute que le libéralisme est hérité des temps anciens, qu'il est fondé sur une conception archaïque : l'indépendance de corps intermédiaires mis en mesure de résister au pouvoir – royal, impérial ou républicain – trop enclin à centraliser et uniformiser. En outre, ce ne serait pas une conception conforme au génie national. Pour Napoléon déjà, tocquevillien avant l'heure, les Français étaient censés préférer l'égalité à la liberté ; pour Tocqueville, ils n'ont pas été formés à l'esprit de liberté, mais plutôt à celui d'assistance et de soumission ; pour d'autres, l'idéologie française de la Révolution, fondée sur l'éloge de citoyens passifs et complaisants, exprimerait mieux l'âme nationale.

Il est vrai que le libéralisme a des rapports ambivalents avec la démocratie égalitaire. L'exercice de la liberté ne peut que donner naissance à des inégalités, à des désordres qu'il faut sans cesse corriger ; nul libéralisme n'est possible si l'on n'accepte pas la perspective de troubles passagers, dans l'espoir qu'ils seront créateurs.

Le libéralisme est synonyme de remise en cause permanente, d'émancipation, d'action déployée sans contrainte, d'esprit dégagé de toute entrave, de rejet du conformisme. Pour lui, rien n'est acquis à jamais, hormis quelques principes : ne pas porter atteinte à la liberté d'autrui, accepter des limitations à sa propre liberté dans un souci de justice.

Le libéral est le contraire d'un conservateur. Le conservatisme, aujourd'hui, coïncide avec le goût tenace de l'organisation, le souci exclusif de la protection, la confiance mise en l'État pour y parvenir. Quoi de plus conservateur que les hommes de gauche, si ce n'est de nombreux hommes de droite, les uns et les autres pratiquant le culte de l'État providence ? Le libéral préfère le contrat à la contrainte : il y voit l'expression de l'indépendance ; il ne cherche pas dans l'apologie de la justice un prétexte au conservatisme.

L'égalité n'est pas le produit d'un fonctionnement naturel de la société laissée à elle-même. Mais il faut prendre garde : le souci de l'instaurer, poussé trop loin, produit le despotisme niveleur alors que le libéralisme favorise la diversité.

Le temps fait son œuvre. Le pluralisme, l'indépendance des corps intermédiaires résistant au pouvoir central producteur d'uniformité, ont modelé au fil des ans l'idéologie républicaine ; dans la France d'aujourd'hui, la décentralisation est le moyen de préserver la personnalité, d'accroître la liberté de chacun.

Il n'empêche : l'esprit public dominant, tel qu'il a été formé par la tradition jacobine, est contraire à la liberté. Après la première Révolution française, libérale et équilibrée, l'absolutisme idéologique a conduit à la seconde, despotique et égalisatrice, à des explosions de violence qui ont secoué la France et affaibli sa puissance durant les cent cinquante années qui ont suivi. Il est juste d'ajouter que la centralisation du pouvoir lui a permis, grâce à une administration stable et solide, de traverser les révolutions politiques sans que l'existence même de la nation en pâtisse.

La démocratie libérale demeure fragile en France, comme si tout ce qui en approche était d'avance frappé de discrédit. Rien, aux yeux de la droite comme à ceux de la gauche, n'est pire que l'« orléanisme », sorte de chrysalide du libéralisme politique. Certes, la monarchie de Juillet était loin d'être un régime admirable à tous égards ; s'obstinant à refuser le suffrage universel, cette tentative fut pourtant synonyme d'équilibre entre les pouvoirs, d'amorce de respect des droits individuels, de dynamisme économique. C'était mieux que l'Empire qui suivit, mieux que le régime d'assemblée qui lui succéda ; sa souplesse eût permis toutes les évolutions requises par l'institution du suffrage universel, y compris vers une république bien organisée.

Être qualifié d'« orléaniste » demeure chez nous quasi injurieux, à croire que prôner la limitation du règne de la majorité par le recours à la liberté individuelle serait une faute.

La clarté de la loi, sa simplicité, sa concision :
moyens de préserver la liberté individuelle

L'État ne peut tout faire, ni la politique se croire omnisciente et omnipotente. Il n'est pas de régime équilibré qui s'accommode de la multiplication des lois, de l'ampleur démesurée de leurs autorisations et interdictions, de leurs interventions dans tous les domaines de la vie, fût-ce les plus intimes, touchant aux choix fondamentaux que chaque individu doit être laissé libre de faire.

En France, la prolifération des textes atteint un caractère quasi pathologique. C'est une marée montante qui submerge, qui empêche, qui ensevelit les initiatives. L'effort de simplification et de codification de notre législation est sans cesse annoncé, sans cesse reporté. L'objectif est pourtant simple : dissiper les obscurités, éviter les contradictions, limiter les interdictions ; l'effort doit viser à diminuer de plus de la moitié le volume des dizaines de codes qui régissent l'existence des Français. Alors la loi, allégée, épurée, réduite à l'essentiel, leur paraîtra à la fois plus juste et plus nécessaire. La boulimie législative est un symptôme des régimes autoritaires ou impuissants ; certains sont les deux.

Libéralisme et nationalisme

Longtemps notre pays s'est voulu le héraut des droits de l'homme de par le monde ; d'autres nations européennes ont suivi son exemple, l'apostolat en faveur de la liberté a suscité l'émulation, les États-Unis y ont pris part.

Résultat décevant comme on l'a vu récemment, entre autres en Irak ou en Afghanistan, voire en Égypte ou en Tunisie : l'Occident n'a guère exercé d'influence sur les institutions des pays émancipés du colonialisme, la liberté politique n'y a guère gagné. Au nom du respect de la diversité des civilisations, la valeur universelle de la liberté a été contestée, et les dictatures ont acquis droit de cité dans tous les organismes internationaux.

Du moins pouvait-on penser que le succès mondial du libéralisme économique était quant à lui assuré ; les crises actuelles montrent qu'il n'en est rien ; il est plus contesté que jamais, rendu responsable des désordres, des inégalités ; la mondialisation est entrée dans les faits, pas dans les esprits, les États se montrent impuissants à l'organiser.

Il existe une contradiction entre le culte de l'État-nation et la nécessité de la coopération internationale qui, pour être efficace, ne peut que porter atteinte à son indépendance. Le nationalisme exprime la tentation anarchique de la liberté.

III

Il n'y a pas d'alternative
au libéralisme économique ordonné

Pour sortir de la crise la plus grave
qu'ait connue le monde depuis 1929,
ne pas se leurrer sur ses causes

Aujourd'hui, tous les adulateurs de l'État se croient promis à nouvelle fortune. Quel retournement ! Après la guerre de 1914 qui mit fin à la domination mondiale de l'Europe, la crise économique de 1929 qui fortifia les fascismes et le communisme, après la reconstruction sur les décombres de la Seconde Guerre mondiale, après le triomphe du communisme sur un tiers de la planète, après les excès de l'interventionnisme public mis au goût du jour depuis un demi-siècle, la chute du mur de Berlin avait entraîné un choc en retour : le libéralisme avait gagné pour toujours, seules ses dérives étaient encore critiquées.

Optimisme fugace ! Depuis 2008, la crise économique fait resurgir les vieux débats sur le rôle respectif

51

de l'État et de la liberté ; cette dernière perd du terrain. Pourtant, la liberté totale ne règne nulle part, ni sur le plan politique, ni sur le plan économique. Le sentiment se répand que l'effondrement du communisme ayant prélude à l'effondrement du libéralisme, les esprits seraient désormais disposés soit au retour à la mode des dogmes passés, ceux du dirigisme social-démocrate, soit à des idéologies informes tentant de concilier ce qui est inconciliable. Les dirigeants pataugent

En 2008, la crise financière a éclaté, mettant à mal la plupart des économies du monde, déséquilibrant leurs finances publiques, leurs relations monétaires, faisant chuter leur production, aggravant le chômage et les déficits commerciaux. L'Occident a été le plus durement touché ; ce n'était que justice, puisqu'il était le principal responsable de l'explosion de la masse monétaire due à la mauvaise gestion à la fois des banques centrales et des administrations financières qui ne s'étaient guère préoccupées de contrôler les produits que les établissements de crédit offraient aux épargnants.

Est arrivé ce qui ne pouvait manquer d'advenir : une crise économique comparable à celle de 1929, due, comme elle, à l'anarchie. La création quasi illimitée de la quantité de monnaie en circulation dans le monde, le gonflement des crédits aux entreprises comme aux particuliers, la faculté laissée aux établissements bancaires de proposer aux épargnants des titres qui ne présentaient aucune garantie, ont conduit le système bancaire à l'insolvabilité et entamé la santé de l'économie. Alors on a fait appel aux États et, grâce au Ciel, ceux-ci, à l'inverse de 1929, ne sont pas restés inertes, ils ont fourni à la consommation les crédits dont elle avait besoin, apporté aux banques les fonds qui leur faisaient défaut, permis aux entreprises de continuer à investir. Aussitôt, de par le monde, ce fut un chant nouveau, les illusions tombaient, c'était la fin du libéralisme, la revanche de Marx et de Keynes, la droite n'était plus qu'un champ de ruines idéologique, elle s'était laissé duper par des croyances trompeuses.

Jamais erreur aussi grave ne fut partagée par un aussi grand nombre. Pour sortir de la crise, il ne s'agissait de rien moins que de revenir aux politiques qui avaient échoué depuis la fin de la Seconde Guerre mondiale, quand l'appel à l'intervention de l'État, aux dépenses publiques, à la répartition autoritaire des revenus rebaptisée « justice sociale », à l'accroissement des prélèvements des dépenses et des déficits publics étaient considérés comme les seuls moyens d'alimenter la croissance.

Les États sont les principaux responsables de la crise, pas le libéralisme

Retournement paradoxal ! Ce sont les États qui, d'un commun accord, faisant l'apologie du flottement des monnaies pour donner libre cours à leurs ambitions rivales et refuser toute discipline, ont détruit le système monétaire international. Ce sont les dirigeants des États qui, par manque de courage politique, et sacrifiant à un keynésianisme dévoyé, ont laissé se creuser les déficits publics, entraînant un endettement tel que le monde n'en avait jamais connu et qui, s'il ne peut être financé, puis diminué, mettra en danger la prospérité générale et engendrera le retour au protectionnisme. Ce sont les États qui, à travers les banques centrales, notamment la Banque centrale américaine, ont financé à tout-va les déficits publics afin d'éviter l'effondrement prématuré du système monétaire, jusqu'au moment où l'épuisement des ressources a mis à nu la réalité. Ce sont les États qui, négligeant de surveiller le fonctionnement des organismes de contrôle qu'ils avaient eux-mêmes institués, ont laissé se développer l'emploi de produits financiers malsains auxquels, à l'incitation des banques, les épargnants ont fait confiance avant de se retrouver grugés et appauvris.

L'État est malvenu de faire la leçon à la liberté. La cause de la crise, c'est une liberté laissée sans contrôle par l'État, voire, plus grave encore, ce sont des États faisant un usage vicieux de leur propre liberté, dans leur volonté de dépenser sans compter, d'émettre de la monnaie sans aucune limite, de réglementer sans vérifier que la règle est respectée, et, finalement, de laisser faire en prétendant tout faire.

L'examen de conscience auquel se livrèrent les responsables politiques tourna à la comédie. Au lieu de mieux discipliner la liberté, on en fit le procès. C'est sans doute ce que la crise actuelle recèle de plus dangereux : redonner vie et un semblant de légitimité à des dogmes du passé qui conduisent à la régression. Ce dont le monde a besoin, ce n'est pas de plus de gestion collective, mais d'une gestion libérale plus morale parce que plus disciplinée. C'est cette discipline que le monde doit aujourd'hui découvrir, faute de quoi, une fois la crise passée et l'inquiétude dissipée, chacun reprendra ses mauvaises habitudes, créera de la monnaie à guichet ouvert, distribuera le crédit sans compter, permettra la vente de produits financiers dangereux, tandis qu'à échéances régulières les États – c'est-à-dire les citoyens dont les contributions constituent leurs recettes – seront invités à porter remède aux désordres pour éviter que les banques ne s'effondrent, emportant avec elles tout espoir de prospérité.

La crise des dettes publiques menace le modèle économique et social dont l'Europe était fière et que l'évolution du monde rendait déjà bien fragile. La seule chance d'éviter son effondrement consiste à tenir les deux bouts de la chaîne : demeurer fidèle à la préférence pour la liberté, être résolu à instituer des règles astreignant chacun à un exercice responsable de cette liberté. Pour cela, il faut une autorité nationale (elle existe), européenne (elle est tant bien que mal en train de se chercher), mondiale (bien peu la souhaitent). Saurons-nous imaginer une organisation planétaire permettant un fonctionnement plus vertueux du système monétaire et financier, une concurrence mieux harmonisée entre les grandes zones économiques, contraignant les États à un comportement budgétaire plus vertueux faisant obstacle à la démagogie ?

L'efficacité de la liberté

Si l'explosion du progrès de l'humanité à partir de la Renaissance a eu bien des causes, la principale est l'avènement de la liberté. La capacité conquise par les individus de décider par eux-mêmes, de travailler, de découvrir, d'innover, de produire, d'échanger, a permis à l'Europe de dominer le monde, au Japon et à l'Allemagne de se reconstruire après l'effondrement de la guerre, aujourd'hui à l'Inde, à la Chine, au Brésil de prendre au partage du pouvoir économique une part proportionnée à leur population, à leurs traditions, à leurs talents.

Au XIXe siècle, alors que partout les anciens régimes s'effondraient, la liberté d'entreprendre reconnue à chaque homme a été une croyance universelle. Au XXe siècle, les collectivismes de toute nature, qu'ils aient prétendu respecter les droits de la personne ou s'en affranchir pour édifier l'empire du Bien, ont affirmé que c'était aux États d'assurer le bonheur des individus et de conduire leur action ; on sait ce qu'il en est advenu : la tyrannie, suivie de l'effondrement de ces régimes ; là où ils subsistent, ils n'en ont conservé que l'oppression politique tout en épousant le modèle économique que leur offrait l'Occident.

Triomphe du libéralisme ? Pas encore, tant il s'accompagne de désordres de toutes natures, d'inégalités, d'injustices, d'une concentration excessive des revenus, d'entraves aux lois de la concurrence. Il doit se réformer.

Le libéralisme est remis en cause
comme jamais depuis la guerre

Défini comme la souveraineté de l'individu, mais dans le respect de l'État de droit ; comme inspiré de la notion d'équilibre, non de la recherche de l'absolu ; reconnu comme le plus efficace des systèmes d'organisation sociale dans l'Histoire ; fondé sur la confiance en l'homme et cultivant la tolérance, il s'est imposé en Europe au temps des Lumières. Malgré les crises et les injustices, la prospérité qu'il a engendrée lui a valu un immense succès, jusqu'aux bouleversements du siècle dernier.

Désormais, il est profondément contesté, toutes les inquiétudes convergent sur lui, toutes les démagogies s'y attaquent. Pourtant, pour recouvrer la prospérité, il est plus nécessaire que jamais, à condition de répondre aux questions que pose son dérèglement : le marché a-t-il toujours raison ? L'activité économique peut-elle fonctionner sans règles ? Quel doit être le rôle de l'État ? Le libéralisme est-il condamné à déboucher sur le désordre et l'injustice ? Peut-il se passer d'un système monétaire stable qui sanctionne ceux qui enfreignent ses règles ? Comment concilier le libéralisme avec une mondialisation encore incapable de dégager des principes forts s'imposant à tous les pays ? Est-il perfectible ?

Le libéralisme ne reconquerra l'adhésion de l'opinion que s'il démontre sa capacité à répondre à ces inquiétudes.

L'ultralibéralisme met en danger la liberté

Le libéralisme a été travesti par des idéologues, parfois des convertis de l'avant-dernière heure, qui, poussant toujours plus loin la logique de leurs raisonnements, prétendaient que seule une absence totale de règles pouvait garantir les avantages procurés par une concurrence sans fin de tous avec tous. Pour le libéralisme classique, la liberté est un moyen au service du bien-être, la prospérité de l'économie ne résulte pas automatiquement d'une compétition sans frein. L'ultralibéralisme est une trahison des principes libéraux, il fait fi des considérations morales et définit le succès de la société par un plus grand profit matériel inéluctablement limité à quelques-uns. Or, toute la tradition française du XIXe siècle est fondée sur la volonté d'organiser la liberté économique afin qu'elle produise les meilleurs effets pour tous ; un temps, elle l'a emporté dans le monde avant que celui-ci ne succombe – notamment dans les pays anglo-saxons – à la tentation dogmatique. Contrairement à ce que pensent les ultralibéraux, jamais dans l'Histoire il n'a existé un système limitant l'État à un rôle de spectateur n'intervenant en rien dans la vie sociale ; il n'y a pas d'ordre économique spontané, il ne peut être obtenu que par la protection de la liberté de chacun et par le respect de l'État de droit qui garantit la propriété privée et les libertés contractuelles.

Depuis le milieu du siècle dernier, les libéraux extrémistes ont fait grand mal au libéralisme en accumulant les déviations : selon eux, la monnaie, instrument de mesure des valeurs et de réserve du capital, serait une marchandise comme les autres, échangée selon la loi de l'offre et de la demande ; le marché, où se rencontrent les producteurs et les consommateurs, aurait par définition toujours raison dans la détermination des prix et dans l'invention des besoins de l'avenir, suscitant un ordre spontané auquel il serait déconseillé de toucher ; nulle règle ne serait légitime, hors celles favorisant le profit ; nul contrôle, nulle discipline ne seraient admissibles, car ils porteraient atteinte à la libre volonté de chacun, par définition éclairée.

Cette mode-là a duré une vingtaine d'années. Dès le 25 février 1991, préfaçant une étude sur la réforme du système monétaire international, j'écrivais :

« La liberté économique a prouvé son efficacité, le libéralisme n'est plus contesté par personne, et ce, d'autant moins que la faillite du socialisme et de tous les étatismes, qu'ils soient du Nord ou du Sud, éclate aux yeux de tous. Mais la liberté ne peut pas aller sans un ordre.

« Qu'est-ce à dire ? C'est-à-dire qu'il faut une loi et une sanction aux dérogations à cette loi, puisqu'il serait chimérique de compter qu'une loi soit respectée sans que l'on y soit contraint.

« Prenons garde ! Si le monde devait connaître une crise monétaire et financière grave qui détruirait sa prospérité, c'est un libéralisme qui se serait montré incapable de se discipliner et de s'ordonner qui en serait rendu responsable, et alors renaîtraient immanquablement les tentations étatiques qui font l'essentiel du socialisme.

« Il n'y a pas, aujourd'hui, de tâche politiquement plus importante que de se prémunir contre ce risque.

« Les grands pays du monde auront-ils la clairvoyance et la capacité de prendre à temps les décisions qui s'imposent, avant qu'il ne soit trop tard ? »

En 2007, j'avais dû écrire à M. Greenspan, ancien président de la Federal Reserve américaine, qui, vingt années durant, avait mené une politique d'allocation illimitée de crédits à l'économie avec les désastreuses conséquences auxquelles le monde a tant de mal à porter remède ; je lui faisais observer que, contrairement à ce qu'il disait dans ses Mémoires où il me présentait comme l'incarnation même du colbertisme français, je n'avais jamais défini la libre concurrence comme la loi de la jungle, mais toujours cru et dit qu'elle devait être soumise à des règles claires dont le juge assure le respect, faute de quoi c'était bel et bien la loi de la jungle qui prévaudrait.

Il me suffisait de répéter là ce que j'avais toujours déclaré depuis une trentaine d'années : j'étais partisan de la liberté économique, à condition qu'elle fût organisée, ordonnée, que chacun respectât la règle du jeu qui garantit que la concurrence obéisse à certains principes.

Je suis convaincu qu'il n'est pas trop tard pour éviter l'effondrement du libéralisme, pour que l'opinion lui rende sa légitimité.

De quelques autres déviations
du libéralisme absolu

Toutes les difficultés, tous les échecs qu'a connus le monde sont nés du refus de combiner la liberté avec l'obligation d'observer des règles que tous sont tenus de respecter. Ce refus a empêché l'adhésion générale de l'opinion au libéralisme dont la mise en œuvre s'est trouvée viciée. La pensée des vrais partisans de la liberté en a été travestie. D'autres exemples en témoignent.

L'apologie de la richesse, présentée comme le but ultime de l'activité humaine, devenue le critère unique d'une réussite confondue avec l'exercice sans frein de la liberté, a été la tare de la société contemporaine. Tout y a concouru : les rémunérations vertigineuses de certains dirigeants d'entreprises à l'avidité sans limites, l'explosion des dividendes versés aux actionnaires, le refus de tout contrôle, par l'État ou par des organismes le suppléant, considéré comme inefficace ou, plus grave, comme illégitime. Les plus forts se sont cru tout permis, les plus faibles se sont laissé convaincre que le bien-être général dépendait de leur résignation à un état de fait présenté comme naturel.

Cette perversion néglige les principes de la morale, elle détruit les fondements du libéralisme. Celui-ci n'a pas le culte de l'argent, mais celui de l'émancipation de tous, seule susceptible de générer un progrès partagé.

Le libéralisme ne peut être dissocié de la recherche de la justice. Il ne peut entraîner l'adhésion que s'il se préoccupe de remédier aux inégalités qu'il engendre. Le gain individuel n'est pas le symbole unique du succès collectif, sauf à s'accommoder d'une société qui s'affranchit de toutes les valeurs morales.

Autre déviation : une conception biaisée de la mondialisation. À l'échelle de la planète, chacun est en relation avec tous. Le besoin d'organisation collective du jeu économique n'en est que plus grand. Doit régner entre tous ceux qui s'affrontent dans la concurrence planétaire un minimum d'égalité des chances ; leurs législations commerciales, sociales, fiscales, leurs pratiques s'agissant du respect de la nature, leurs efforts pour instaurer plus de justice dans la société, doivent s'inspirer du respect de quelques principes communs. On a vu la difficulté qu'éprouve l'Organisation mondiale du commerce à faire respecter ses décisions, l'impossibilité des États à s'accorder sur quelques règles élémentaires pour préserver l'environnement. Les conditions de la concurrence sont devenues par trop inégales dans un monde où plus rien n'entrave la circulation des produits, des techniques, des hommes, des monnaies ; il n'en devient que plus instable et dangereux.

Pour ce qui est des monnaies, le désordre qui règne est le plus grave de ceux qui menacent le monde d'aujourd'hui. La stabilité de la monnaie, instrument de réserve, indispensable pour mesurer la valeur de la production et des échanges comme pour conserver celle de l'épargne individuelle et collective, est la condition essentielle d'une économie de liberté. Rien ne doit venir entacher ou entamer sa crédibilité. Sans cette stabilité, le désordre s'installe, l'imprévisible survient, aucune prospérité n'est assurée de durer. Le monde l'a connue au XIXe siècle, elle était fondée sur la référence à un étalon que chacun acceptait : l'or ; au XXe siècle, les guerres successives, les révolutions, les crises l'ont détruite. C'est le dollar qui est devenu l'étalon du système monétaire mondial. Mais la crédibilité de cette référence a été sapée par les États-Unis eux-mêmes qui, désireux de s'affranchir de toute règle, de pouvoir dépenser sans compter en obligeant le reste du monde à accepter leur monnaie émise en quantité uniquement fonction de leurs besoins nationaux, ont révoqué l'engagement qu'ils avaient pris d'accepter la convertibilité du dollar en or. Certains théoriciens sont allés jusqu'à faire l'apologie de ce désordre et du flottement généralisé des monnaies les unes par rapport aux autres. C'était l'aboutissement d'un libéralisme poussé jusqu'à la perversion ; tout bougeait, tout était instable, éphémère, tout pouvait être modifié à tout instant : les taux d'intérêt, les masses monétaires en circulation, le montant des dettes, le rapport entre la valeur des monnaies en circulation.

On voit ce qu'il en est advenu.

De quelques critiques du libéralisme

Les partisans de la liberté ne sont pas les seuls à s'être laissés aller à des excès de langage, voire de pensée. Les adversaires de la liberté n'ont pas été en reste.

On éprouve quelque amusement à relever qu'ils font l'éloge du pragmatisme alors qu'ils en sont on ne peut plus éloignés, que leurs réactions sont empêtrées dans l'idéologie. La revendication du pragmatisme est un leurre chez les adeptes de l'État dont la pensée systématique fait fi de la réalité. De ce côté, que d'efforts pour abattre le libéralisme, critiquer ses principes, mettre en doute ses résultats en recourant à des subterfuges visant à ressusciter les conformismes du passé ! C'est la revanche des vaincus du progrès.

Leur première tentative : se dire des novateurs, critiquer la « pensée unique » présentée comme dominante. À leurs yeux, « pensée unique » signifie pensée libérale, par définition oppressive, intolérante. Comment ne pas sourire ? S'il y a une pensée unique qui a pesé depuis des générations sur les esprits, c'est bien la dépréciation de la liberté comme facteur d'épanouissement individuel et de progrès collectif, la louange de l'action publique, supposée seule capable de mettre fin avec intelligence au désordre et à l'injustice. Pour mieux critiquer cette prétendue « pensée unique », que d'alibis sont appelés en renfort : le colbertisme, le jacobinisme, la social-démocratie, le dirigisme, le gaullisme, la tradition française, et ce au prix de combien de contresens sur ce qui pouvait les justifier à l'époque où ils étaient en vogue !

L'éloge du volontarisme, c'est-à-dire de l'État,
est le premier de ces alibis

En son nom, on justifie la dévaluation de la monnaie, le recours systématique aux déficits budgétaires, la tolérance envers l'inflation, signe d'abandon. L'éloge du volontarisme sert de paravent à la lâcheté. C'est lui, le premier responsable de la crise que nous traversons. Ce sont les États qui, pour donner libre cours à leurs errements et n'être astreints à aucune règle, ont détruit le système monétaire international et institué le flottement général des monnaies ; qui, libérés de toute contrainte et croyant agir à leur gré à l'abri du risque, ont eu recours à des déficits budgétaires tels qu'ils ont conduit à un endettement public que le monde n'avait jamais connu ; qui, libérés là encore de toute obligation, ont géré leurs monnaies nationales en sorte que tous les excès de la spéculation et de la consommation ont été financés à guichet ouvert par les banques centrales ; qui, après avoir édicté une réglementation des activités financières, ont négligé de la faire respecter et conduit aveuglément leurs économies au gouffre dont elles ont aujourd'hui tant de mal à s'extraire ; qui, si souvent, ont eu, pour des raisons politiques, recours à un protectionnisme déguisé qui n'a fait qu'aggraver les crises.

Étrange loi de l'histoire que ce retour vers un passé fondé sur la conviction que tout est permis à la collectivité, supposée nécessairement bienfaisante, et tout interdit à la liberté individuelle, réputée malfaisante. N'est-ce pas plutôt l'inverse ?

On pourrait dresser un plaisant rappel des positions prises depuis trente ans sur la gestion publique. Que de donneurs de leçons seraient renvoyés à leurs déclarations de naguère ! Un État laissé libre d'agir comme il veut, quand il veut, libre de recourir à tous les moyens sous prétexte qu'il est en charge du bonheur collectif, trébuche vite.

À notre tour, gardons-nous de tout esprit de système. L'intervention de l'État est parfois indispensable. Sans elle, sans les financements collectifs, la France n'aurait eu ni industrie nucléaire, ni industrie pétrolière de rang international. Le libre jeu du marché ne conduisait ni à l'existence d'Elf et de Total, ni à celle d'Areva et d'EDF ; seule une action publique poursuivie continûment durant des générations à travers guerres, conflits internes, changements de régimes, a permis à la France de s'en doter. De même, en cas de crise, l'État peut, comme nous le voyons aujourd'hui, aider au soutien de l'activité grâce à des crédits publics, apporter les liquidités financières nécessaires à l'économie, aider les banques, favoriser la coopération entre États à travers le G8, le G20. Rôle utile à la condition que sa propre gestion n'entraîne pas le désordre : l'endettement livre les États aux marchés financiers et les rend impuissants. Tout est, là aussi, question de mesure : trop de keynésianisme mal entendu discrédite le keynésianisme et affaiblit l'État.

Le libre jeu de l'offre et de la demande,
tel qu'il s'exprime au sein du marché,
n'aboutirait pas nécessairement, dit-on,
aux meilleurs choix pour l'intérêt général

Certes non ! Mais la critique du marché n'est souvent qu'un prétexte à justifier l'étatisme. Il ne s'est jamais agi, dans la pensée libérale, de s'en remettre à lui les yeux fermés, de glorifier sans lucidité les automatismes nés de l'addition des décisions individuelles, de juger toutes ces décisions bonnes par nature, de penser que seule son omnipotence incontrôlée permettait le progrès, la production maximale, une juste allocation des ressources. Le recours au marché, fondé sur la concurrence, évite d'imposer un certain type de production, un certain type de consommation ; il s'en remet à la liberté pour faire les choix qui orientent l'économie, faute de quoi ceux-ci sont inspirés non par la nature des choses, mais par l'artifice et l'idéologie. Le collectivisme, autoritaire par nature, qui décide de ce qu'il faut produire et consommer, refuse la vérité des prix, engendre la pénurie, le marché noir, la pauvreté, la violence : toute l'expérience des régimes communistes en témoigne. Le libre marché, c'est la démocratie en économie : chacun y décide de ses choix.

Reste que le marché ne prend pas toujours ni nécessairement les meilleures décisions. Les siennes sont inspirées par la recherche du profit maximum immédiat, elles visent à répondre à la demande du moment, à orienter vers elle la production, elles négligent (sauf exception) la satisfaction des besoins de l'avenir. Inutile de rappeler les crises et les chocs qui se succèdent depuis une trentaine d'années : le libéralisme n'a su ni organiser, ni harmoniser le fonctionnement du marché afin qu'il tende vers la meilleure satisfaction de l'intérêt général.

J'ai tenté de le faire en 1986 lorsque, abrogeant radicalement le contrôle des prix consacré en 1945, j'ai mis en place une organisation de la concurrence qui lui permette d'être réellement libre, de proscrire les ententes, d'interdire les ventes à perte, de renforcer le rôle du juge, moyennant quoi l'inflation est restée, depuis, très modérée. Pour ce qui est de la concurrence internationale, il est à l'évidence plus difficile de la rendre juste, d'harmoniser les politiques fiscales, sociales, budgétaires, environnementales, d'interdire les subventions et les protections qui génèrent des avantages pour les uns, des handicaps pour les autres, de régler les conflits de façon équitable et efficace ; l'Europe n'y parvient guère, le monde moins encore.

Enfin, comme déjà dit, certaines activités essentielles pour l'avenir peuvent se développer à l'instigation et sous le contrôle de l'État, échappant à la loi du marché qui, pour un temps, les condamnerait à l'impuissance, voire à l'inexistence ; la protection dont elles bénéficient ne peut être illimitée ni perpétuelle ; une fois la mission accomplie et le but atteint, elles doivent être soumises à la loi commune. Bien entendu, le penser, c'est risquer d'être accusé par les idéologues de ne pas être un véritable libéral. Ce risque-là mérite d'être pris et assumé.

Parfois, autre prétexte, les adversaires de la liberté prétendent distinguer le capitalisme financier du capitalisme économique, combattre le premier et favoriser le second. On appelle cela « refonder le capitalisme ». J'ai quelque mal à comprendre ce dont il s'agit. Le moteur de l'économie, c'est un capital suffisant, à l'emploi bien orienté. Il peut s'agir d'un capitalisme d'État alimenté par le prélèvement forcé sur les revenus individuels ; ou bien d'un capitalisme libéral alimenté par l'épargne individuelle volontairement apportée. Dans les deux cas, il est à la fois financier et économique, et l'on peine à distinguer l'un de l'autre. Le problème est le choix entre étatisme et libéralisme. S'il y a une notion à éclaircir, ce n'est pas celle de capitalisme, mais celle de liberté.

La liberté laisserait les plus faibles sans protection, la société sans justice

L'éloge de la protection des individus sert d'alibi à l'étatisme autoritaire : son intervention serait indispensable, sans quoi les plus fragiles seraient abandonnés sans défense. Aucune des garanties nouvelles qui leur sont apportées ne peut donc plus être remise en cause, eût-elle par la suite perdu toute efficacité, tout bien-fondé. Comme si la société était vouée à rester figée ! Or si nombre de ces aides ont été justifiées en leur temps, certaines le demeurent, d'autres pas ; mais leur bénéfice est considéré comme acquis pour toujours, et les remettre en cause, en tout ou partie, soulève des tempêtes de protestations.

Au nom des droits acquis, toute adaptation du système social aux réalités nouvelles est rejetée. Comment expliquer autrement la sclérose qui nous a progressivement gagnés ? Dernier exemple : le relèvement de l'âge de la retraite, tellement nécessaire en raison de l'allongement de la durée de vie. Les peuples d'Occident ont du mal à admettre la réalité : ils consomment trop, gaspillent les ressources de la planète, bien qu'ils produisent une part de sa richesse qui va décroissant. Il est d'autant plus urgent de mettre fin à cette dévastation d'une Terre surpeuplée et qui, à l'échéance du prochain demi-siècle, le sera bien davantage. C'est contre les paresses de l'esprit qu'il faut nous prémunir ; l'État devrait y concourir en appelant chacun à la lucidité et au sens des responsabilités.

Remédier aux maux de l'État providence suppose qu'on ait clairement à l'esprit les moyens d'atteindre une société plus juste, et la volonté d'y parvenir.

L'État peut y concourir par l'architecture de son système de prélèvements (impôts, taxes, cotisations), par l'allocation des ressources publiques consenties aux besoins sociaux, en veillant à ce que la répartition des revenus évite tout excès inégalitaire. Il peut ainsi jouer un rôle utile ; mais ce n'est pas assez.

Le libéralisme ne peut se contenter de corriger les excès auxquels conduit un système économique fondé sur le libre échange, arbitré exclusivement par un marché de producteurs et de consommateurs. De son côté, l'État providence capitaliste, invention de la social-démocratie, tente d'améliorer le sort des plus défavorisés, mais sans éliminer ce qui, dans les structures de la société, engendre l'injustice. Le seul moyen de l'empêcher est que tous les citoyens se voient reconnaître les mêmes droits et des capacités égales dans l'action économique.

Là, il ne s'agit plus d'élucubrations théoriques, mais de réalités. Il est plusieurs moyens d'y parvenir :

L'élargissement du domaine du contrat est le premier, autrement dit la substitution aux décisions autoritaires de l'État de la discussion entre partenaires représentant les intérêts communs. Ce fut, lors des ordonnances de 1967 que je contribuai à élaborer aux côtés de Georges Pompidou, le sens de la réforme de la gestion des régimes sociaux, à laquelle les organisations syndicales furent appelées à coopérer plus étroitement.

Le développement de la participation est un second moyen. Dès 1967 aussi, je m'y suis attaché ; plus tard, chaque fois que mes responsabilités m'en ont donné le pouvoir, j'en ai élargi le domaine par des ordonnances, des lois, des décrets. Offrir aux salariés une capacité de décision plus affirmée pour tout ce qui concerne les problèmes auxquels ils sont confrontés et qui engagent l'avenir, leur assurer un partage plus équitable des fruits de l'activité collective, leur reconnaître une part accrue d'autorité, voilà qui renforce l'unité de l'entreprise, son dynamisme, sa vigueur face à la concurrence.

C'est dire l'importance que revêt un accès plus facile de tous à la propriété. Elle est seule de nature à permettre aux citoyens de s'occuper eux-mêmes de leurs propres affaires, de le faire plus librement, d'accéder ainsi à la justice sociale la plus large possible. J'y ai aussi consacré beaucoup d'efforts en imposant l'actionnariat des salariés dans certains cas, en en facilitant l'adoption grâce à des avantages fiscaux consentis aux entreprises qui y avaient recours, en favorisant la présence des salariés au sein des conseils d'administration.

Véritable protection, véritable justice : elles ne sont pas plus le fait du collectivisme étatique que de la liberté laissée à elle-même ; elles naissent d'un libéralisme véritable bénéficiant à tous.

*L'apologie de la souveraineté nationale,
autre alibi qui justifie l'hostilité au libéralisme*

Sans craindre la contradiction, les adversaires de la liberté invoquent l'indépendance de la nation, sa capacité à décider seule lorsqu'elle estime ses intérêts essentiels en jeu, pour rejeter toute organisation internationale imposant le respect de règles communes et limitant l'égoïsme des États.

La monnaie européenne n'a pas été acceptée par une partie de l'opinion qui y a vu une création de technocrates enserrant les États dans des contraintes trop strictes. Qui ne voit aujourd'hui que, sans elle, les pays membres de l'Union européenne, qui ont déjà tant de mal à occuper leur place sur la scène du monde, seraient remisés au rang d'acteurs secondaires négligés par leurs grands partenaires ?

Ce qui s'oppose à la réforme tellement nécessaire du système monétaire international, c'est l'égoïsme national. J'y reviens : l'incohérence et le désordre des relations entre la valeur des monnaies, leur création en quantité trop abondante compte tenu des besoins réels de l'économie, l'insuffisance et l'inefficacité des règles prétendant régenter les comportements sur les marchés financiers mondiaux, expliquent pour l'essentiel la crise que nous traversons. L'économie du monde est malade du désordre monétaire. Il n'y sera porté remède que si l'on parvient à créer, à l'échelle de la planète, une organisation s'inspirant du système monétaire européen tel qu'il existait à la fin du siècle dernier, et qui, vaille que vaille, ordonnait les relations entre les monnaies, les rendait prévisibles, empêchait le foisonnement maladif du crédit.

Au préalable, le dollar devrait perdre son rôle de pivot du système dispensant les États-Unis de toute obligation de bonne gestion. C'est ce que je proposai en 1987 lors d'une réunion des ministres des Finances du G5. Les Américains s'y opposèrent brutalement ; nos autres partenaires, intimidés, ne pipèrent mot. On voit les résultats du dérèglement qui s'est prolongé.

Le même égoïsme national fausse l'équilibre du commerce international. L'économie fondée sur l'échange permet la concurrence, facteur d'innovation et de croissance ; elle impose l'organisation de la liberté, justifie la création de l'Organisation mondiale du commerce dont l'existence s'affirme étape par étape. C'est pourquoi, en 1993, j'attachai une telle importance à la ratification par la France des accords du GATT conclus l'année précédente, dès lors qu'ils consacraient l'égalité entre les partenaires, consolidaient le rôle de l'organisme chargé de régler les conflits, exonéraient les biens culturels du droit commun, maintenaient les aides à l'agriculture à un niveau suffisant. Si tel n'avait pas été le cas, mon gouvernement avait annoncé qu'il bloquerait la ratification de l'Union européenne, dût-il être isolé. Nos partenaires furent obligés d'adhérer à notre position, la presse internationale salua notre victoire sans se laisser aller aux commentaires désagréables auxquels elle recourt volontiers, s'agissant de la France. Comme je le déclarai à l'Assemblée nationale, le choix n'était pas entre la liberté du commerce et le protectionnisme, mais entre la liberté organisée et la loi de la jungle.

Je n'ai pas changé d'avis : seule la liberté organisée évite l'anarchie favorable aux puissants.

Autre prétendue atteinte à la souveraineté
des États : la nécessité de l'équilibre budgétaire

La revendication de souveraineté doit s'incliner devant la nature des choses : la diminution et, à terme, la disparition des déficits publics est un facteur de la confiance sans laquelle aucun progrès de l'économie n'est possible, quel que soit le montant des crédits publics affectés à la consommation et à l'investissement.

Cela suppose une réduction des dépenses dans des pays où les prélèvements publics sont les plus lourds au monde. En raison du dérèglement du système monétaire international, la liberté est privée du mentor que constitue une monnaie stable. Les États – ceux d'Europe, les États-Unis –, qui, laissés trop libres, bénéficient de trop de facilités pour emprunter sur un marché mondial où la création et la distribution du crédit est quasi sans limites, ont, en 2008, à l'instigation du FMI, cru trouver dans l'aggravation des déficits publics le moyen de sortir de la crise. Ils ont transféré celle-ci du système bancaire aux États eux-mêmes dont certains, menacés de banqueroute, ne peuvent plus faire face à leur dette, quand tous ont vu réduire leur marge de manœuvre. Aujourd'hui, ils redoutent que la diminution de leurs dépenses publiques ne casse la faible croissance qu'ils ont pu entretenir, et à l'inverse, que leur maintien au niveau actuel ne leur interdise d'emprunter, sauf à des taux de plus en plus élevés, alourdissant encore la charge de leur dette et empêchant ainsi le retour de la croissance. Choix redoutable !

Il faut faire celui de la confiance, laquelle ne peut résulter que de la réduction des déficits et, à terme différé, de celle de l'endettement.

C'est celui que j'ai fait à deux reprises, en 1986 comme en 1993. En 1993, je déclarai à l'Assemblée, pour justifier la réduction des dépenses : « Il s'agit d'éviter à la France de tomber dans le piège mortel de la dette. » Voici qu'aujourd'hui certains me font grief de n'avoir pas tenu mes engagements, pis : d'avoir prétendument laissé la dette passer en deux ans de 2 000 à 3 000 milliards de francs ! Les choses sont claires : les déficits publics de l'année 1993 ont été évalués par la Cour des comptes à près de 500 milliards de francs ; constatés à la fin de la première année de mon gouvernement, ils résultaient de la loi de finances votée fin 1992 à l'initiative de celui qui avait précédé le mien, lequel n'en était en rien responsable. Deux ans plus tard, ces déficits étaient ramenés au-dessous de 400 milliards. Reste que, de ce fait, l'endettement sur deux ans avait augmenté de près de 1 000 milliards de francs. Si l'on imagine que le déficit d'une année – certes moindre, mais persistant – peut ne pas se traduire par une aggravation de l'endettement l'année suivante, il faut s'empresser de le démontrer ! Quant au montant des déficits publics, les réduire de près d'un quart était, en un laps de temps si court, d'autant plus remarquable qu'aucune augmentation des impôts n'avait été décidée.

C'est ainsi que la confiance revint, et avec elle, la croissance. Le progrès de l'économie ne résulte pas seulement de mécanismes automatiques ; la psychologie y joue la plus grande part.

*La mondialisation ne rend-elle pas plus difficile
encore l'organisation du libéralisme ?
Le nationalisme conduisant à l'anarchie
internationale sera-t-il la seule issue ?*

L'organisation du libéralisme, tâche ingrate à l'intérieur des nations, est plus malaisée à l'échelle de l'Europe, plus rude encore à celle du monde.

Le libéralisme est-il compatible avec le monde dans lequel nous sommes entrés, caractérisé par la surpopulation, l'épuisement des ressources, la pollution, les atteintes à l'environnement, des conflits de plus en plus rudes pour l'usage de l'eau, de l'air, des terres arables, de l'espace, les déplacements de populations du continent africain de plus en plus plein vers une Europe de plus en plus vide, une fièvre nationaliste qui gagne les pays qui accèdent au progrès ? Comment un monde aussi désordonné et fracturé pourrait-il se passer d'une autorité internationale dotée de pouvoirs suffisamment forts pour imposer le contrôle de l'usage des ressources, ainsi que le respect des règles permettant entre les continents l'échange équilibré des hommes, des produits, des capitaux ? Longtemps le libéralisme a été l'idéologie permettant la domination de l'Occident, lui assurant le contrôle d'un monde qui paraissait sans limites. Aujourd'hui, le monde est fini, nulle terre sur la planète n'est plus inconnue. Tout se sait, tout mouvement en un point du monde, fût-il infime, se propage à l'infini. Pour le meilleur et pour le pire, une unité profonde rassemble l'humanité ; c'est le monde tout entier qu'atteint la crise actuelle.

Le libéralisme est-il capable d'apporter une réponse à ses inquiétudes, peut-il porter remède à ses désordres, à ses incohérences, à l'immoralité des comportements, aux déséquilibres des situations entre les nations ? Je le pense parce que je l'espère, mais à certaines conditions.

Soyons sans illusions, ne nous fions pas trop aux théories. L'effort pour y parvenir n'en sera que plus méritoire. Que le respect d'une discipline nationale et internationale soit nécessaire afin que la liberté économique engendre les effets heureux qu'on en attend, est évident ; les moyens d'y parvenir le sont moins. Déjà, des progrès se font jour : l'ONU étend le champ de ses interventions, la justice internationale existe, le FMI intervient plus vigoureusement pour réguler l'économie, la coopération monétaire se développe, nul ne demeure plus indifférent à l'oppression ni aux atteintes aux droits de l'homme. Mais ne rêvons pas : on ne pourra tout imposer aux nations. Qui accepterait une souveraineté mondiale édictant des normes universelles, un gouvernement planétaire imposant ses volontés aux récalcitrants ?

Nous n'avons pas le choix seulement entre l'anarchie et le protectionnisme national ou régional. Reste la coopération librement consentie entre États conscients des risques que présente pour tous un désordre persistant. La création du G20, à l'initiative française, est un premier pas. Il en reste d'autres à faire.

Que reste-t-il du socialisme ?

À la base, un beau rêve : ne pas se résigner à l'injustice, imposer la morale à la nature, ambition de toute civilisation. Afin d'y parvenir, s'en remettre non pas à la liberté mais à la collectivité qui édicte, impose, sanctionne, créer un « homme nouveau », une autre nature en quelque sorte. L'homme nouveau n'est pas né, l'homme de toujours s'est révolté, les régimes communistes, minés par l'oppression et la pauvreté, se sont effondrés. Rude et salutaire retour à la réalité !

Quant à la social-démocratie qui prétendait combiner l'étatisme économique et la liberté politique individuelle, ses partisans, après une longue éclipse durant laquelle ils acceptèrent de mauvais gré la liberté des prix, des changes, la privatisation des entreprises publiques, se sont pris à espérer un retour en grâce : on pouvait imaginer que la crise déboucherait sur un retour de l'État vers qui se tourner à nouveau, et qui allait reconquérir le pouvoir au détriment de la liberté. Il n'en a rien été. La crise financière, bancaire, économique a fait bondir les déficits publics, engendré une crise des dettes souveraines, la solvabilité des États dépendant plus que jamais du bon vouloir des marchés alimentés par une anarchie monétaire internationale qui favorise la création de crédits en quantité illimitée.

Aujourd'hui, les sociaux-démocrates ont dû s'incliner devant la toute-puissance délétère de la spéculation, accepter la nécessité de réduire l'endettement, renoncer à l'éloge des déficits publics. Ils admettent que l'État ne puisse pas tout, que souvent la liberté soit plus efficace que lui. À la différence de l'ambition communiste, pour eux il n'a jamais été question de révolution. Au moins croient-ils encore possible un changement conforme à leurs attentes ? Je le pense. Les convictions ne sont pas faites seulement de raisonnements, mais bien davantage de sentiments. Les réactions instinctives des sociaux-démocrates demeurent vivantes : confiance en l'État vers qui leur premier mouvement est de se tourner, méfiance envers la liberté économique, préférence accordée à une justice sociale abstraite aux dépens de l'efficacité, fréquent recours au prélèvement fiscal sans guère se soucier qu'il paralyse l'initiative privée.

Le libéralisme extrême cède trop à l'instinct naturel des hommes au risque de les ramener en arrière, avant l'avènement de la civilisation qui a pour ambition de le dominer ; cet instinct naturel, le socialisme le contrarie à l'excès.

Un libéralisme ordonné, partagé, populaire :
le seul à être accepté, mieux, à être concevable

Le libéralisme nécessite des règles pour éviter le désordre, il appelle le partage du profit pour conjurer l'injustice. Il doit relever ce défi : introduire la morale dans la vie collective, c'est-à-dire aussi dans la vie individuelle. Tâche difficile, car les Français ne sont guère disposés à adhérer aux vertus de la liberté responsable, ils préfèrent s'en remettre à l'assistance qu'ils se jugent en droit d'attendre de la collectivité. Ils aiment polémiquer sur le rôle de l'État, les mêmes arguments étant invoqués tour à tour par les uns ou par les autres au gré d'une alternance où la sujétion à la mode du moment occupe plus de place que le respect des réalités.

Qu'est-ce que l'État fait mieux que l'individu isolé ? Que fait-il que personne d'autre ne puisse accomplir ? Il lui appartient de définir les principes de l'organisation sociale, d'édicter la règle du jeu au respect de laquelle il convie et veille. C'est l'État législateur. Dans un régime libéral, le crédit ne fonctionne pas sans règles, la concurrence non plus, la création et la circulation des monnaies pas davantage, ni la vie sociale, ni les échanges internationaux, qu'ils soient commerciaux ou financiers. Il n'y a pas d'ordre spontané, aucun vrai libéral n'y croit. L'avenir n'est pas à l'abandon de la liberté, mais à une liberté à laquelle le respect d'une discipline permet de fonctionner sans difficulté. Selon les circonstances, la frontière est difficile à fixer entre ce qui est souhaitable et ce qui risque de scléroser la société, d'inhiber l'initiative individuelle.

Efforçons-nous d'avoir là-dessus des idées claires, tout en nous gardant des dogmes !

Nous l'avons dit, la crise que nous vivons est moins une crise du libéralisme que de l'étatisme : démantèlement du système monétaire par les États, déficits publics, endettement, laxisme de certaines banques centrales, inertie des organismes de contrôle des marchés. Il est vrai que, depuis 2008, les États ont tenté d'enrayer la crise. En sortent-ils renforcés ? Rien n'est moins sûr. Leur irresponsabilité passée, l'ampleur de leur endettement les paralysent, il leur faut mettre en œuvre toutes les réformes à la fois, car tout est lié. Ils doivent dans l'urgence définir et décider l'ordre mondial qui assurera la survie de la liberté : un système monétaire mondial générateur d'équilibre et non de désordre ; une Europe qui offre un grand marché commercial où la concurrence soit réglementée et s'accompagne d'une harmonisation économique et fiscale ; une gestion budgétaire dont la vertu garantisse contre les déficits durables ; une liberté d'entreprendre qui ne fasse pas fi des exigences de l'équité ; un État qui occupe toute sa place, mais elle seulement, et ne prétende pas tout régenter ; une ouverture des frontières commerciales qui, proscrivant le protectionnisme, voie dans l'ouverture au monde la meilleure garantie du dynamisme ; une reconnaissance de la propriété individuelle dans tous les domaines où l'appropriation collective n'est pas justifiée par d'incontestables motifs d'intérêt général ; un rôle du juge vérifiant que la loi est respectée sans y ajouter au gré des circonstances ou de ses inclinations.

Le libéralisme, pour survivre, doit profiter à tous, ses résultats doivent être partagés. Non seulement il n'y a pas d'ordre économique spontané, mais il est inégal par nature, et l'injustice qu'il sécrète doit être corrigée. Le partage est indispensable si l'on veut que les peuples adhèrent à la liberté économique et ne se tournent pas vers l'État pour obtenir de lui ce qu'ils n'obtiennent pas de la liberté laissée à elle-même. Les moyens en sont connus : il appartient à la loi de favoriser la diffusion de la propriété, l'élévation des revenus individuels en fonction des résultats de l'activité. C'est l'émancipation de tous, l'accession de tous au bien-être, à la culture, aux responsabilités, en somme au pouvoir, qui définit le libéralisme populaire.

À deux reprises, j'ai tenté de faire accepter
les principes du libéralisme ordonné

Depuis un demi-siècle, la France a eu avec la liberté économique des relations cyclothymiques, contrastées, imprégnées de mauvaise conscience. Après l'économie dirigée de la guerre et de l'après-guerre, la Ve République a mis en œuvre, sous l'égide de De Gaulle et sur le conseil de Jacques Rueff, l'équilibre du budget et la stabilité de la monnaie, dans un système international dominé par les Américains, ainsi que l'ouverture à l'Europe ; aucune privatisation de l'immense secteur nationalisé qui existait alors n'a été entreprise, les contrôles sur l'économie, les prix, les changes, les salaires ont été allégés, mais pas supprimés dans leur principe, l'économie française demeurait administrée. C'est sur ces bases qu'elle a connu l'extraordinaire croissance orchestrée par Georges Pompidou.

Autre expérience vertueuse : celle menée par Raymond Barre durant quelques années, caractérisée par l'équilibre des finances publiques, la création du système monétaire européen imaginé par Valéry Giscard d'Estaing, sans émanciper pour autant le système économique de la plupart des contraintes pesant sur lui.

Dans le monde déjà le vent tournait et les pays anglo-saxons « libéraient la liberté ». Sous l'égide du gouvernement de la coalition socialiste et communiste arrivée au pouvoir en 1981, c'est le moment que choisit la France pour opérer une rupture profonde, aux effets encore irrémédiables à ce jour tant elle était à contre-courant. Tous les défauts traditionnels de son économie furent aggravés : déficits publics creusés, impôts et charges alourdis, contrôles de la vie économique multipliés, extension des nationalisations à presque tout le secteur financier et à de grandes entreprises industrielles concurrentielles, abaissement de l'âge de la retraite et de la durée du travail – cas d'école de tout ce qu'il ne fallait pas faire, ils eurent les résultats désastreux que l'on pouvait en attendre et dont la France porte encore la marque.

Devenu en 1986 ministre de l'Économie, puis, en 1993, Premier ministre, les deux fois pour deux ans seulement, je résolus d'inverser le courant en faisant décider rapidement de profondes réformes sans me laisser intimider par les procès d'intention : privatisations d'entreprises publiques, développement de l'actionnariat populaire et de la participation, déréglementation et fin de la plupart des contrôles en matière de changes, de prix, de licenciements, mise en place d'un droit de la concurrence, ouverture au monde grâce à la conclusion des accords du GATT, diminution des déficits et des impôts enfin entamée, première réforme d'ampleur du régime des retraites, toujours préconisée, jamais tentée, enfin décidée, sauvegarde du système monétaire européen menacé, sans lequel la création de la monnaie européenne eût été impossible, alors qu'elle était le seul moyen pour la France d'échapper à une relation déséquilibrée avec l'Allemagne, autonomie de la Banque de France. Cette action qui, à deux reprises, aboutit à la baisse des déficits publics, à la hausse de la croissance et de l'emploi, fut reconnue et consacrée sur le plan international. Cependant, elle demeurait inachevée, aucune réforme du système monétaire international n'avait été admise par nos partenaires européens et américains, nul État n'acceptait encore d'être soumis en matière financière à une réglementation mondiale, voire même européenne suffisamment efficace pour empêcher les crises : la coopération s'était certes développée, mais chacun se réservait la possibilité de revenir en arrière.

Lors de l'élection présidentielle de 1995, j'ai posé la question : fallait-il que la France s'ouvrît plus largement au monde, diminuât ses dépenses et ses prélèvements publics, assouplît et libérât davantage encore la gestion de son économie, s'engageât résolument dans la construction de la monnaie européenne en refusant de manipuler les taux d'intérêt ? Fallait-il, au contraire, sous prétexte de garantir la justice sociale et l'augmentation des salaires, risquer de s'évader de la monnaie européenne en récusant toute discipline imposée par l'extérieur ? C'était la tentation d'une « autre politique » caractérisée par l'acceptation de déficits publics supposés favoriser l'investissement, par des taux d'intérêt systématiquement plus faibles que la moyenne européenne, et par le risque de dévaluations monétaires au prétexte de stimuler la croissance afin de dégager les marges de manœuvre permettant d'allouer des avantages sociaux supplémentaires. Cette deuxième voie fut celle que le peuple choisit, celle de la facilité, pas celle de la réforme courageuse. Il en fut rapidement déçu, le nouveau pouvoir eut vite fait de renoncer à des promesses qu'il ne pouvait honorer. Nous portons encore le poids des conséquences de ce grand débat engagé en 1995 et mal tranché : un État démesuré, surendetté, une économie sous-productive, une fracture sociale, qu'on avait promis de réduire, et devenue plus profonde, un chômage massif malgré tous les efforts accomplis depuis 2007 et qu'il faudra poursuivre.

L'inspiration des adversaires de la liberté est toujours la même : irrépressible désir de plaire aux mouvements de l'opinion, à la moindre difficulté, recours instinctif à l'autorité politique, préférence accordée à la protection publique contre tous les risques, méfiance envers le monde extérieur et, finalement, crainte de soi-même.

L'opinion est troublée, indécise, nombre de ceux qui devraient l'éclairer manquent à leur devoir de vérité. C'est toujours le même débat qui resurgit à l'occasion des grands choix politiques : faut-il s'ouvrir au monde, se libérer des contraintes inutiles, accepter d'entrer dans le grand jeu international en se dotant d'armes égales à ceux de nos concurrents et en réformant courageusement nos habitudes ? Faut-il au contraire se calfeutrer, se protéger sous prétexte d'une souveraineté nationale que l'on voudrait inentamée, promettre toujours davantage à tous, refuser, sous prétexte d'indépendance, tous les changements nécessaires, fussent-ils difficiles ? Pour moi, la réalité a depuis longtemps donné la réponse. On l'a vu, cependant, tout le monde n'en est pas convaincu, les facilités de la démagogie ont bien du charme aux yeux de ceux dont elles permettent la victoire.

Les libéraux convertis à l'ordre et à la justice,
les sociaux-démocrates acceptant le marché
et la liberté des échanges peuvent-ils
agir ensemble ?

Quel que soit notre goût de la polémique, nous n'en sommes plus au temps de la guerre civile idéologique entre capitalisme et marxisme. Le temps a fait son œuvre, le spectacle de la réalité commence à éclairer les esprits les plus ouverts, chacun se lasse des confrontations de stéréotypes, en dehors de ceux qui, croyant séduire les peuples, n'ont guère recours qu'au sectarisme imprécatoire.

Demeurent, sur le plan économique, des divergences fondamentales : le premier mouvement de la gauche est de se tourner en toutes circonstances vers l'État protecteur, de se vouloir la gardienne du Temple où sont conservés les droits acquis, de préférer la réglementation autoritaire au contrat, de cultiver sans se lasser le mythe d'un égalitarisme salvateur.

Sur d'autres plans, que de différences opposent la droite et la gauche : la place des religions, le respect d'une laïcité étroite et ombrageuse, spécialité française ; un anticléricalisme qui est un anticatholicisme, héritage des luttes du XIXe siècle contre l'Église pour instaurer la République ; les lois sur les mœurs où c'est la gauche qui est libérale et la droite plus conservatrice ; le rôle de la nation et sa sujétion à un ordre international.

Il advient que, sur quelques grands sujets, et dans de rares moments d'impérieuse nécessité, émerge un large consentement national. Il ne dure guère. Faut-il le regretter ?

Un choix doit toujours être offert aux peuples, rien ne peut leur être imposé comme seule et unique solution. Même de Gaulle, qui ne se lassait pas d'appeler au rassemblement, n'a jamais gouverné avec le soutien d'une nation unanime ; il n'en a approché que pour un temps, à la Libération, ou lorsqu'il a accordé l'indépendance à l'Algérie.

L'avenir du libéralisme économique est incertain

Le libéralisme populaire doit être organisé dans un ordre clair et profiter à tous, sans quoi il n'a pas d'avenir durable. Cela suppose que la société entreprenne toutes les réformes nécessaires : celles de l'État, des dépenses publiques, des régimes sociaux, de la décentralisation, de l'enseignement, du Code du travail. C'est la condition indispensable pour que la réduction des dépenses publiques et des prélèvements permette l'investissement et l'emploi. Le courage est la condition de l'efficacité ; il consiste à faire litière des idées toutes faites, à se convaincre que la liberté à tout-va, sans frein, ni contrôle, ni règles, est incompatible avec le progrès.

Mais si donner davantage de pouvoir aux États est un contresens, augmenter les impôts en est un autre. Le courage ne consiste pas à augmenter les prélèvements pour mieux financer les dépenses publiques, mais à diminuer celles-ci. C'est d'autant plus indispensable que la mondialisation exacerbe la concurrence entre les grandes zones économiques, que l'Europe ne peut se protéger à l'excès, faute de menacer ses propres débouchés chez ses partenaires.

Cette conception de la liberté, je n'ai cessé de la défendre, ce qui m'a valu d'être critiqué des deux côtés : par ceux qui voient dans l'intervention de la collectivité la garantie de la justice, par ceux qui estiment qu'une liberté sans limites est seule capable d'atteindre la meilleure efficacité économique. Je suis demeuré ferme dans ma conviction en dépit des écueils de la politique et des facilités de la démagogie.

Je pense toujours qu'il faut atteindre à la plus grande liberté possible, que c'est justifié si cette liberté est organisée afin que l'économie de marché demeure efficace, que la croissance permette la satisfaction des besoins, que le libre-échange soit un facteur de développement, que la stabilité de la monnaie favorise la prospérité.

Tenons-nous à l'écart de l'anarchie comme de l'État providence, que ce soit sur le plan intérieur ou sur le plan international. Le respect des disciplines indispensables et le souci de la justice, aussi difficiles à assumer l'un que l'autre, permettront de bâtir une société paisible et meilleure.

L'avenir du libéralisme économique suppose qu'il soit organisé et que ses fruits soient partagés au profit de tous ; l'avenir de la liberté politique et celui de la démocratie en dépendent aussi.

IV

Faut-il limiter la liberté de l'homme afin de le protéger contre lui-même ?

La société ne peut tout laisser faire

Deux conceptions : au nom de la liberté à peu près tout doit être permis, sentiment largement partagé aujourd'hui dans les démocraties ; à l'opposé, la société ne saurait demeurer indifférente aux mœurs, elle en admet certaines, en réprime d'autres, par exemple celles qui portent atteinte aux droits de la femme, ou qui menacent ou mettent en danger les plus faibles. Selon les époques, selon les pays, l'une ou l'autre conception l'emporte.

Dans les sociétés primitives, mais longtemps aussi dans celles parvenues à un haut degré de civilisation, les mœurs demeuraient imprégnées de principes religieux ; malgré de fortes résistances nées de l'attachement aux usages et aux croyances chrétiennes, l'Occident est allé le plus loin dans la reconnaissance du droit de l'individu à satisfaire ses désirs. Nulle part la liberté intégrale des mœurs n'est acceptée, même si nul ne se hasarde à toujours préciser jusqu'où elle peut aller, ni quand son exercice portant gravement atteinte au respect dû à autrui menace la survie de la société. Demeurent quelques tabous, l'inceste est du nombre, mais la loi ne peut tout définir ni tout prévoir ; force est de s'en remettre à la morale couramment admise, telle que les juges l'apprécient.

Exercice difficile ; les aspirations des hommes sont contradictoires ; s'ils nourrissent des désirs, ils éprouvent aussi des peurs qui suscitent un besoin de protection ; alors ils acceptent que la liberté soit limitée, plus volontiers celle des autres que la leur propre.

Peurs innombrables : afflux d'une immigration de plus en plus importante de populations qui ont du mal à s'intégrer au sein des sociétés qui les accueillent, conduisant celles-ci à limiter la liberté de circulation ; unification de l'Europe, à laquelle on reproche de faire bon marché des personnalités nationales, de tendre à une uniformité qui nie la diversité des peuples et leur originalité ; vie moderne, qui génère la pollution, mutile l'environnement, détruit les paysages auxquels la mémoire était accoutumée ; liberté économique qui, si elle se traduit par un progrès collectif, profite à l'excès à certains, pas assez à la plupart, si bien que l'inégalité gagne ; mondialisation qui détruit les barrières, expose à tous vents des peuples qui n'y étaient pas habitués. Pour la plupart des hommes, l'univers paraît plein de dangers.

Les mêmes qui revendiquaient la liberté du langage, des écrits, des comportements, qui contestaient le droit de la société à sanctionner les excès, se mettent à redouter la violence si l'humanité est trop laissée à elle-même ; par peur d'un inconnu qu'ils imaginent plein de risques, ils réclament une autorité à l'ombre de laquelle se réfugier.

Pour y voir clair, où trouver secours ? S'en tenir à une conception simple : au nom de la liberté, tout n'est pas permis, mais la liberté, sauf lorsque son exercice nuit à autrui ou porte une atteinte grave aux intérêts de la société, est un principe supérieur à tout autre.

Trop simple ? Trop imprécis, plutôt.

*La liberté individuelle permet l'affrontement
entre l'homme et la société,
meilleure garantie de l'équilibre*

La démocratie gagne du terrain, l'individualisme devient une idéologie universelle multipliant à l'infini les droits de la personne. Citons-en quelques-uns : la reconnaissance de la dignité des femmes, l'assouplissement des formalités nécessaires pour le divorce, l'adoption d'enfants considérée comme une prérogative qui ne saurait être refusée à quiconque, les droits des homosexuels à être eux-mêmes et reconnus comme tels, l'euthanasie qui permet de mettre fin à sa propre vie, voire d'aider autrui à terminer la sienne dans la dignité, la liberté reconnue aux enfants de découvrir leurs capacités sexuelles, etc.

Que de conflits entre l'attachement à d'anciennes morales et l'attrait de mœurs nouvelles ! Avec la conciliation entre progrès économique et justice sociale, le champ des droits de l'homme est l'un des grands thèmes du combat des idées.

L'État n'intervient que s'il est reconnu comme gardien de la morale, ce que beaucoup contestent. Quel État, quelle morale ? En démocratie, le débat public et le vote des citoyens permettent de faire évoluer la loi, tandis que dans les régimes autoritaires l'affrontement entre celle-ci et le corps social est fréquent. En outre, c'est de morale collective, pas de morale individuelle que l'État peut être habilité à se préoccuper.

Où passe la frontière entre les deux, et qu'est-ce que la morale collective ? Rien n'est simple. Je me souviens que, s'agissant de la consécration juridique des liens existant au sein des couples homosexuels, j'étais favorable au pacs (pacte civil de solidarité) qui tenait compte de situations de fait sans remettre en cause les principes fondant la société ; en raison de l'état d'esprit d'une partie de l'opinion et des contraintes de la vie politique, je me suis laissé circonvenir et j'ai finalement voté contre le texte soumis au Parlement ; j'ai eu tort. Le pacs est utilisé dans l'immense majorité des cas pour des unions hétérosexuelles, ce qui manifeste, davantage que l'affaiblissement du mariage traditionnel, la volonté d'un couple de ne pas s'engager trop vite et de façon trop solennelle dans une union durable.

On tend à regarder l'adoption comme un droit des adultes au détriment même de l'intérêt des enfants ou de leur famille. De par le monde, les adoptions décidées sans règles ne protégeant pas suffisamment les enfants, les trafics, qui s'apparentent à des rapts, se multiplient, comme s'il était légitime que les adultes recherchent par tous moyens la satisfaction d'un besoin affectif égoïste. Au nom de la dignité des enfants, les procédures doivent être mieux contrôlées, en luttant contre les adoptions trop faciles dans certains pays étrangers. L'épanouissement d'adultes en quête d'une paternité ou d'une maternité satisfaites à tout prix ne doit pas être une cause servant à tout justifier.

Chacun est libre de mener son existence comme il l'entend, d'avoir les attachements de son goût. La liberté des mœurs doit être largement admise sans discrimination pour l'accès à des fonctions publiques ou privées, voire lorsqu'il s'agit de l'adoption d'enfants par des couples d'adultes de même sexe, qui offrent à ceux-ci la promesse d'une vie plus stable et plus heureuse. Faut-il aussi admettre le mariage des homosexuels ? J'y suis hostile. Le mariage entre un homme et une femme n'est pas seulement le fruit de sentiments personnels, c'est un acte essentiel de la vie collective qui permet à la société de survivre. La recherche de l'égalité peut conduire à conférer des droits supplémentaires à l'union homosexuelle, pas à lui donner le nom de mariage. Il s'agit là d'un terme qui a valeur de symbole, qui ne doit pas être détourné de son sens traditionnel, la perpétuation de l'espèce humaine. Sans doute aussi suis-je fidèle à la tradition catholique : le mariage y étant le nom donné à un sacrement religieux qui consacre l'union d'un homme et d'une femme, ce nom ne peut être utilisé à d'autres fins.

La reconnaissance aux femmes de droits égaux à ceux des hommes, ce qu'on appelle la parité, doit-elle être obligatoire, consacrée par la loi ? Pas dans tous les domaines ; le risque est ici d'aller trop loin, d'instituer des coercitions inutiles, contestables. Une fois posés les principes et définies quelques règles s'agissant de l'accès à la fonction publique, civile ou militaire, de la composition des autorités élues au suffrage universel ou des organismes de gestion collective, mieux vaut faire confiance à l'évolution naturelle des comportements. Il est des professions dans lesquelles les droits des femmes ont déjà été consacrés dans les faits sans qu'il ait été besoin qu'ils soient légalement garantis : la magistrature, l'enseignement, le corps médical, entre bien d'autres.

Longtemps le divorce fut impossible avant d'être autorisé mais soumis à des formalités lentes, lourdes, coûteuses. La plupart de ces contraintes ont été assouplies. Il n'est pas souhaitable d'aller trop loin, jusqu'à réduire le divorce à un acte banal, ordinaire, simple constat opéré instantanément devant l'administration, ce qui aurait pour effet de réduire le mariage à un contrat résiliable à tout moment. Le juge doit conserver ses compétences pour régler les problèmes qui peuvent se poser, non seulement financiers mais aussi humains.

Liberté individuelle et immigration

Année après année, l'immigration ne cesse de croître, les mouvements de population s'étendent à toute la planète ; les hommes issus de pays jeunes, surpeuplés, pauvres, les quittent pour gagner des pays riches, peu peuplés, vieillis. Phénomène d'une ampleur sans précédent dans l'Histoire, face auquel les gouvernements, ceux des pays d'émigration comme ceux des pays d'immigration, semblent désemparés, incapables de coordonner leur action, de s'entendre pour agir collectivement. Faute de mieux, on recourt à l'idéologie pour polémiquer plus à l'aise : tout homme a-t-il ou non le droit de s'installer sur la terre de son choix, où il veut, quand et comme il le souhaite ?

Il y a les réalités : le monde est trop peuplé, il le sera bientôt dix fois plus qu'il ne l'était il y a deux siècles ; la mondialisation, la liberté de circulation, l'homogénéisation des comportements, la diffusion des techniques, la facilité des transports favorisent le déplacement des populations ; sans cesse plus nombreuses, elles quittent des continents surpeuplés pour en gagner d'autres, plus prospères, à la démographie déclinante, où elles ne sont pas bien accueillies. Ce brassage croît sans connaître de répit ; bientôt, en Europe et en Amérique, rares seront les pays à avoir des populations homogènes ; la diversité, qu'elle soit ethnique, religieuse, linguistique, culturelle, gagnera partout, avec toutes les chances qu'elle comporte, mais aussi tous les risques d'affrontements internes qu'elle génère.

Nul ne peut dénier à une société constituée depuis des siècles, attachée à son histoire, à ses traditions, le droit de vouloir conserver sa personnalité, de préserver son équilibre. Bien peu sont à l'image des États-Unis qui ont suffisamment confiance en eux-mêmes pour admettre une immigration abondante issue de peuples de cultures différentes. À mes yeux le pouvoir politique a le devoir de choisir qui accueillir.

Faut-il tenter de limiter le volume de l'immigration ? Oui, même sans nourrir d'illusions sur l'efficacité durable des mesures prises. Soyons sincères : n'est-ce pas la nature même de l'immigration qui est en cause plutôt que son volume ? Elle est ressentie par les populations européennes comme un choc culturel, un défi à leurs valeurs de toujours, comme une « invasion ». À ces valeurs, croient-elles d'ailleurs encore, alors que les nouveaux venus leur en font grief ou les contestent ? Par exemple à la laïcité, invention française répandue en Occident à des degrés divers, mais à laquelle sont allergiques bien des peuples du monde, notamment les peuples de confession musulmane qui ont du mal à admettre un État indépendant des préceptes de la religion ?

Sélectionner les catégories les plus utiles à la société qui les reçoit ? Oui, également. La politique des quotas trouve sa justification dans des préoccupations qui ne sont pas seulement économiques, mais aussi culturelles. Inutile de multiplier au sein de la société les risques de tensions. Il faut que les populations qui s'installent en France veuillent et puissent en assimiler la culture, accepter les principes qui fondent son organisation. C'est affaire de nombre, affaire aussi de volonté ! La civilisation française est allergique au multiculturalisme ; l'accepter, le reconnaître de façon institutionnelle constituerait un bouleversement aux conséquences incalculables.

Faut-il accepter sur le sol du pays qui les accueille des migrants attachés à conserver à tout prix leurs traditions de toujours, qui ne peuvent ou ne veulent pas s'intégrer à la société et refusent d'en respecter les lois et coutumes ? Non, à coup sûr. Comment l'éviter ? Les empêcher d'entrer par une action plus efficace ? Oui, à coup sûr aussi. Les expulser ? Où ? Souvent, leur identité est impossible à vérifier. La plupart risquent d'être rejetés parmi ces populations marginales que fabrique le mélange de la surpopulation et de la mondialisation, regroupées de gré ou de force, végétant aux portes des villes dans une clandestinité que les gouvernements tolèrent parce qu'ils ne savent que faire d'autre.

Lutter contre l'immigration clandestine ? Oui, autant assurer le respect des règles qu'on a cru nécessaire d'édicter ; sinon, mieux vaut les abroger. Quels contrôles instituer à cette fin ? Question difficile, compte tenu de l'absence d'état civil dans bien des pays d'origine. J'ai, il y a quelques années, publiquement pris position contre les tests ADN qu'on voulait effectuer sur des personnes en transit soupçonnées d'être des immigrés clandestins ; mieux vaut éviter d'infliger humiliation et désespoir à des hommes à la recherche d'un havre. Aucune solution n'est sans risque.

Au début du premier millénaire de notre ère, les invasions germaniques ont détruit la civilisation romaine, plusieurs siècles de désordres et de violences se sont écoulés avant qu'émerge une civilisation européenne mariant l'héritage de la Rome antique aux coutumes germaniques et surtout à l'influence morale du christianisme qui a imprégné toutes les sociétés. Dans un siècle, quelle sera la personnalité d'une Europe dont l'actuelle population régresse, voisine d'une Afrique dont les habitants toujours plus nombreux se pressent à ses portes ? Si nous laissons tout faire, à coup sûr elle sera différente de celle d'aujourd'hui. Ces hommes d'origines diverses apprendront-ils à vivre ensemble, à créer à leur tour, comme il y a plus de mille ans, une civilisation nouvelle née de la combinaison de leurs cultures respectives ? Les sociétés occidentales sont devant l'inconnu, face au risque le plus dangereux qu'elles aient affronté dans leur histoire, face aussi à une chance, celle de diffuser les principes qui sont les leurs, et de les faire partager. Leurs peuples ressentent un besoin de protection qui ira croissant ; c'est la liberté qui en fera les frais.

*Comment éviter que la diversité culturelle
menace la personnalité des nations
et leur unité ?*

Aux immigrés installés régulièrement, quels droits reconnaître ? Au bout de combien de temps peuvent-ils acquérir la nationalité du pays qui les accueille ? À quelles conditions ? Leurs enfants l'acquièrent-ils nécessairement, peuvent-ils la refuser ? S'agissant de leurs coutumes, de leurs comportements, de leurs croyances, s'ils conservent le droit d'être différents, c'est jusqu'à quel point ? S'intégrer à un pays contraint-il à en adopter tous les usages ? Nulle réponse évidente ! Si les nations sont des êtres vivants qui ont le droit de voir respecter leur identité, les hommes ont droit eux aussi à la liberté d'être eux-mêmes.

Dans la plupart des sociétés modernes, la diversité est à la fois un fait, une revendication et une épreuve. La mondialisation a des conséquences contradictoires ; sous l'effet de la communication facile, elle transmet les informations, uniformise les comportements et les modes, mais aussi favorise les mouvements de populations venues des horizons les plus variés, qui fractionnent en groupes hétérogènes les sociétés où elles s'installent.

La diversité n'est pas seulement la conséquence de la mondialisation : des minorités nationales longtemps assoupies se réveillent et reprennent conscience d'elles-mêmes. C'est vrai en Europe, dans l'ancien Empire austro-hongrois, dans l'ancienne fédération yougoslave, dans l'ancienne Union soviétique ; le mouvement gagne en Italie, en Belgique, en Espagne ; et combien davantage aux États-Unis, au Brésil, plus encore sur le continent africain où les frontières artificielles et arbitraires héritées des colonisations traversent les groupes ethniques, les tribus, les appartenances religieuses ! Contrairement à ce qu'on imaginait, dans le monde moderne l'enchevêtrement des traditions culturelles, né du brassage des peuples, loin de s'atténuer, se multiplie, et ses effets se compliquent.

Le droit à la différence est inhérent au libéralisme. L'unité de la nature humaine ne signifie ni l'identité des mœurs, ni la conformité des lois et statuts à un modèle unique, ni l'unité des langues et des religions. Quoi qu'il advienne, la liberté conserve sa valeur, elle est incompatible avec l'uniformité, elle reconnaît à tous les hommes le droit de rester identiques à eux-mêmes, de préserver leur personnalité originelle. Mais, dans le même temps, une société ne peut survivre que si tous ses membres ont la volonté de s'y intégrer, ce qui suppose qu'ils fassent leurs ses valeurs essentielles et respectent ses lois. Conciliation malaisée !

Dans une démocratie, le respect par la collectivité de la culture et des convictions de chacun est une exigence morale. Il peut prendre des formes diverses selon les pays : la France et le Japon sont plus portés à l'uniformisation que l'Italie, l'Espagne ou la Grande-Bretagne, sans parler des États-Unis qui ne se contentent pas de s'accommoder de la diversité, mais l'organisent, voire la consacrent. Cependant, sous couvert de la prise en compte des réalités ethniques et sociales, n'est-on pas entraîné vers la ségrégation selon les origines, notamment sur le plan géographique, quand de véritables ghettos urbains se multiplient ? D'une façon paradoxale, la reconnaissance des communautés ne favorise-t-elle pas une forme de discrimination ?

Le respect de la diversité place la société devant des choix difficiles. L'unité de la langue n'est pas exigée partout : elle n'existe ni aux États-Unis, ni au Québec, ni en Belgique, ni en Suisse ; en France, l'usage des langues régionales est peu répandu. Mais la question est-elle encore celle-là ? Comment bien enseigner le français dans certaines classes dont la majorité des élèves n'ont pas dans leur famille le français pour langue maternelle ?

S'agissant des lois civiles, c'est essentiellement dans le statut de la femme, le respect dû à sa dignité et à sa liberté, que résident les nécessaires limites de la diversité. Il est légitime que la société, si respectueuse qu'elle soit des convictions individuelles, impose des règles intangibles, faute de quoi le pacte national est déchiré. Comment transiger, tolérer la polygamie, l'excision, l'enfermement ? Le critère de la civilisation, ça n'est pas seulement l'égalité entre les races, c'est aussi l'égalité entre les sexes. Nul compromis en ce domaine ne peut être accepté.

Ne cultivons pas les illusions consolatrices. Nous vivons dans une époque où, malgré les efforts des hommes de bonne volonté, l'intolérance va croissant. Au Proche-Orient, en Afrique, en Asie, tantôt les musulmans, tantôt les chrétiens – ceux-ci bien davantage – sont victimes de persécutions, tandis qu'en Europe, berceau des droits de l'homme, des groupes antagonistes s'affrontent au sein des vieilles nations. Comment parvenir à préserver la liberté dans une mondialisation qui en apparence la favorise, alors qu'en réalité, parce qu'elle met en contact plus étroit les peuples, elle aggrave, au sein des sociétés, les frictions et les conflits entre langues locales, religions, cultures et traditions ?

L'attachement au pluralisme est incompatible avec l'esprit jacobin, autoritaire et uniformisateur. Le respect d'autrui est le fondement de la société libérale, à la condition que nul ne foule aux pieds les quelques principes fondamentaux sans lesquels aucune unité n'est possible au sein d'un pays.

Inépuisable sujet d'une polémique à laquelle n'échappe plus aucune nation !

Liberté et religion

C'est à propos des religions que la diversité, née ou non de l'immigration, pose les problèmes les plus redoutables.

La démocratie respecte la religion de chacun s'il en a une, sa liberté de la pratiquer et de disposer de lieux de culte le permettant. Même si, en France, la société demeure imprégnée de tradition catholique, le principe de laïcité interdit à l'État de manifester sa préférence pour l'une ou l'autre confession ; il n'est inféodé à aucune, l'indifférence lui est un devoir.

En faveur de toute religion, la liberté de conscience requiert liberté d'expression et liberté d'enseignement. Or, toute croyance tend à se vouloir souveraine ; n'est-ce pas le propre des convictions fortes ? Quiconque est persuadé de détenir la vérité veut la faire partager. L'État est dès lors obligé de jouer les arbitres ; dans la mesure où il le peut sans être suspecté d'intrusion, il doit aider au dialogue entre les représentants des diverses religions afin que puisse régner entre elles une coexistence sereine.

Là comme en tous domaines, la loi doit empêcher les excès de la liberté. S'imposent aux convictions religieuses des valeurs nationales que l'État, si libéral qu'il soit, n'accepte pas de voir bafouer : primauté de la loi, égalité de tous les hommes devant elle, mêmes dignité et responsabilité reconnues à tous, interdiction de toutes formes de contrainte. En cas de conflit, la loi civile l'emporte. L'État ne peut s'accommoder de pratiques qui violeraient les principes sur lesquels la nation est fondée.

Par exemple, les sectes ne peuvent être tolérées dans tous les aspects de leurs doctrines, toutes les formes de leur prosélytisme ; l'État ne peut admettre que soient exploitées l'ignorance ou l'incapacité des plus faibles ; il a envers eux comme envers tous les citoyens un devoir de protection, pour ce faire il exerce un droit de contrôle sur les associations. En revanche, il doit demeurer indifférent à ce qui ne le concerne pas : les habitudes alimentaires, les jours de fête, les célébrations, les prières et les chants, le contenu des prêches et sermons dès lors qu'ils n'incitent pas à violer la loi, les traditions vestimentaires, sauf lorsqu'elles dissimulent l'identité : si, je persiste à le penser, le port du voile peut être permis dans certaines circonstances, la burqa – symbole de l'humiliation féminine – ne doit jamais l'être.

Organiser la représentation des divers cultes auprès des pouvoirs publics, comme le font bien des pays, est-ce favoriser le communautarisme ? Plutôt, pour l'État, reconnaître la réalité telle qu'elle est, en se donnant les moyens de la contrôler. Nul régime n'y a renoncé – pas en France, en tout cas. Dans la république d'aujourd'hui, cette reconnaissance revêt des formes parfois voyantes, tant le monde politique marque un empressement quelque peu suspect, quand il n'est pas ridicule, à participer en nombre aux réunions ou manifestations officielles des responsables des diverses communautés religieuses.

La France serait légitime à exiger que, dans les autres pays, fût pratiquée la même tolérance, afin que ceux de ses ressortissants qui y résident ne souffrent pas de persécutions nées d'un fanatisme qui tend à renaître. Ce ne serait là nulle ingérence dans les affaires d'autrui, simplement l'exercice d'un droit à l'égalité entre États qui exige la réciprocité. Depuis quelques années, trop de chrétiens ont été tués dans les pays musulmans, au seul motif qu'ils étaient chrétiens. Les Occidentaux, Européens ou Américains, ne doivent nourrir ici aucun complexe, ni de culpabilité ni d'infériorité. Leur civilisation est issue du christianisme, elle n'est pas pour cela condamnable ; au contraire, s'il doit un jour exister une civilisation mondiale fondée sur le respect de la dignité de la personne humaine, elle ne pourrait pour l'essentiel qu'être issue des enseignements du christianisme.

Reste une question, la plus grave pour l'avenir, qu'il est de mauvais ton d'aborder : des populations de religions très différentes peuvent-elles coexister pacifiquement sur le même sol ? Elle est posée en Inde, en Afrique, en Asie du Sud-Est ; il est hypocrite de ne pas le reconnaître, elle l'est aussi par l'installation d'un nombre croissant de musulmans en Europe où le christianisme fut longtemps la religion dominante qui a inspiré les mœurs et les esprits. Si prestigieuse et respectable que soit la religion islamique, elle n'appartient pas à la culture traditionnelle des Européens ; celle-ci imprègne même ceux d'entre eux, fort nombreux, qui se sont éloignés du christianisme, en lui substituant une religion des droits de l'homme qui en est issue. Comment concilier une culture religieuse aussi vigoureuse que l'islam, qui rejette la séparation du temporel et du spirituel, avec une culture d'origine chrétienne désormais fondée sur la tolérance et la laïcité ?

Ayons le courage de poser le problème sans agressivité, sans acrimonie, avec lucidité. Nous n'avons ni intérêt à fuir le débat ni encore moins le droit. Plus le temps passe, plus il s'imposera, et, si nous le refusons, plus il sera malaisé à résoudre. Il faudra savoir clairement ce que nous appelons liberté religieuse, ce qu'elle autorise, ce qu'elle doit s'interdire pour que la nation tout entière partage les mêmes convictions essentielles, qu'elle demeure fidèle à elle-même dans un esprit de compréhension mutuelle. Le droit pour chacun de pratiquer librement sa foi, de célébrer le culte de son choix, ne doit pas fracasser l'unité nationale. Le champ de la liberté n'est pas illimité.

Tout dire, tout écrire ?

Réduite à l'essentiel, la liberté n'a qu'une définition : le pluralisme. Elle affirme la supériorité de l'individu sur la communauté, le droit pour la minorité d'exister et de s'exprimer. La recherche du consentement général n'est pas l'objectif de la liberté, chacun peut défendre sa vérité.

Notre société est-elle trop libérale ? Elle en donne des signes multiples ; à peu près tout est dit, justifié, loué, qu'il s'agisse des opinions, des mœurs, sans limites ni sanction. À croire que l'apologie de la tolérance est si universelle qu'elle s'apparenterait à une forme de totalitarisme ! L'esprit de l'époque favorise une critique souvent violente de la morale traditionnelle ; certaines formes de délinquance sont expliquées sinon justifiées par la misère sociale ; d'autres, exprimant un antichristianisme obsessionnel, voire une sorte de racisme à l'envers, sont admises comme allant de soi. Les interdits reculent, l'épanouissement de sa personnalité est, pour chacun, un droit auquel il n'existe presque pas de limites. Au point que Sade, apologiste de l'usage de la force pour subjuguer les faibles, les pauvres, les malheureux aux fins d'un plaisir égoïste, est admiré comme un libérateur des instincts naturels. Or, justement, accéder à la civilisation, c'est dominer la nature.

Il existe d'autres limites à la liberté, celles qui pèsent sur les esprits conformistes : au nom de l'écologie sont par principe bannis certaines sources d'énergie, certaines productions, également un certain art de vivre ; au nom de la démocratie, il est interdit de critiquer telle minorité, ethnique, linguistique, religieuse ; interdit aussi de s'interroger sur certains épisodes passés de l'Histoire, sur le bien-fondé des jugements portés sur eux ; certains crimes sont imprescriptibles, d'autres, peut-être plus graves, ne le sont pas ; sous la pression de diverses communautés, les lois mémorielles se multiplient, l'État s'arrogeant le privilège d'édicter la vérité historique et de sanctionner les mal-pensants, à l'instar des anciennes tyrannies ; au prétexte du respect des droits de l'homme, promu au rang de religion universelle, les indignations sélectives, les admirations obligatoires, les oublis systématiques prolifèrent. Un point commun à ces instrumentalisations de l'Histoire : la mise en accusation du passé, de la tradition, avec des oublis, voire des contresens, par exemple sur la traite et l'esclavage.

Récemment, l'un de nos dirigeants politiques s'en est pris à Jules Ferry dont, au XIXe siècle, la politique de généralisation de l'éducation eut l'importance décisive que l'on sait, en qualifiant de « faute morale » son action en faveur de la colonisation. À l'époque, nombreux étaient ceux qui, plus encore à gauche qu'à droite, voyaient dans la conquête coloniale le moyen d'aider tous les peuples à accéder au niveau de progrès économique et culturel qu'avaient atteint les Européens. Sans doute y avait-il là quelque hypocrisie, et beaucoup mêlaient, sans toujours l'avouer, des raisons d'intérêt plus prosaïques à leurs intentions prétendument généreuses. Il est vrai aussi que la conquête coloniale revêtit parfois des aspects d'une grande cruauté, qu'elle se traduisit par une oppression douloureuse pour les peuples subjugués. Faut-il pour autant juger un homme en se référant à des critères politiques postérieurs de plus d'un siècle à ses actes ? Ou alors il ne faudrait jamais parler de Voltaire sans le condamner comme antisémite et profiteur de l'esclavage, de Rousseau sans évoquer l'égoïsme monstrueux qui l'incita à abandonner ses cinq enfants, de Danton présenté parfois comme un martyr de la liberté alors qu'il fut responsable des massacres de Septembre ! Et que dire de Robespierre et de Lénine, de Trotski, de Mao, de Castro, de Guevara, encore de nos jours icônes durables pour tant d'hommes qui se réclament de convictions généreuses et idéalistes ? Faudrait-il réviser tous les cinquante ans notre jugement sur notre histoire passée au risque de verser dans les stéréotypes ou dans l'anachronisme ?

Dissimulé derrière une générosité affichée, c'est à un véritable dévoiement qu'on assiste. Il existe une législation sélective de la vérité, au point que le délit d'opinion, entendu largement, souvent de façon discriminatoire, empêche l'expression de trop d'opinions jugées coupables par principe ; si bien que la liberté de pensée est sans doute moindre en France que dans des pays de civilisation comparable qui n'éprouvent pas un plus faible attrait pour les droits de l'homme.

Nous avons besoin d'une éducation à la liberté. Certes, les frontières craquent, nous nous rapprochons des pratiques anglo-saxonnes, mais, pour autant, dans le débat public tout n'est pas permis contre l'adversaire, comme de mettre en cause sa vie intime, ses mœurs, ses origines, son passé, ses tendances, souvent en faisant fi de toute vérité. Le mépris de la dignité des personnes ne peut figurer au rang des pratiques de la démocratie.

La question la plus angoissante est ailleurs : le progrès technique est un défi ; mal utilisé, il peut constituer un danger. Du fait d'internet, nous avons régressé vers un monde de rumeurs, de mensonges et de calomnies, diffusés sans limites, auquel vont s'alimenter de nouvelles « grandes peurs ». Faut-il contrôler tout ce qui se dit, tout ce qui se montre sur les sites de communication instantanés et mondialisés ? Le peut-on ? Comment choisir entre la démagogie qui tolère tout et une répression archaïque ? Comment contrôler les messages diffusés, si souvent faux ? La technique nous emporte bien au-delà des limites que la morale sociale avait fixées depuis toujours. Comment assurer l'exactitude, voire dans les cas extrêmes, le contrôle éthique de ce qui circule dans l'univers grâce aux moyens de communication modernes ? Comment éviter que soient propagés l'erreur, le mensonge, la stimulation des instincts refoulés ? Pour parer aux dangers nés du progrès scientifique, le champ de la liberté d'expression va nécessairement diminuer, la réglementation se fera plus attentive, à condition que la technique le lui permette.

Pour l'avenir de la liberté, le débat sur les mœurs compte autant que la polémique sur le rôle de l'État dans l'économie. Défions-nous ici des réponses trop faciles !

V

Contrairement à l'idée courante, la mondialisation menace la liberté des nations

La mondialisation est une réalité inévitable,
indépendante de la volonté politique.
Celle-ci ne peut que tenter de l'ordonner

On ne reviendra pas en arrière : la mondialisation s'est imposée. L'une après l'autre, les frontières disparaissent, tout circule plus ou moins librement selon les régions ; le mouvement économique, technique, scientifique est irréversible ; même les droits de l'homme, symboles du libéralisme, ont en théorie valeur universelle ; à défaut de toujours les respecter, on les salue, nul ne se risque à les contester ouvertement, sauf, parfois, à stigmatiser l'hypocrisie de l'Occident qui s'en fait le porte-drapeau.

Émergent de nouvelles puissances peu portées à pratiquer à la fois liberté politique et liberté économique : la Chine, l'Inde, l'Afrique du Sud, le Brésil, l'Indonésie ; elles théorisent la séparation de l'une et de l'autre ; chacune a l'ambition de dominer la partie de la planète où elle est située ; nostalgique de son histoire, consciente, trop consciente de ses moyens, la Russie se réveille, elle entend reconquérir son rôle entre l'Europe et l'Asie. Pour celles-ci, le respect des libertés publiques n'est pas la priorité ; elles sont imprégnées d'un orgueil national longtemps humilié, d'un esprit de revanche sur l'Occident, dont elles jugent qu'il les a trop longtemps dominées. Au premier plan elles mettent la conquête de la puissance.

Tout récemment, une révolution a parcouru le monde musulman. Pour un milliard d'hommes, le temps de l'immobilité a pris fin, ils se sont mis en mouvement en rejetant non seulement la tutelle occidentale, mais aussi le modèle de société qu'elle prétendait leur imposer. Établis de l'Atlantique à l'océan Indien, du Caucase à l'Afrique subsaharienne et à l'Indonésie, sur des territoires aux richesses immenses, ils revendiquent une place à la mesure de leur histoire, de leurs capacités, ils entendent reconquérir un rôle indépendant.

Ceux qui prétendent revenir en arrière, comme si l'on pouvait faire que la mondialisation n'existe pas, ne croient pas à ce qu'ils disent. Ils veulent duper les peuples en flattant leurs inquiétudes, mais ils le savent : leur combat est perdu d'avance ; ils savent même qu'ils ne sont plus capables de l'engager ; leur discours nourri de fantasmes, voué à l'échec, n'en est pas moins dangereux, tant il entretient de rancœurs.

La globalisation relie tous les continents les uns aux autres, elle laisse la voie ouverte au dynamisme, engendre le progrès matériel. Mais elle favorise aussi la solitude des individus dans des sociétés au sein desquelles les liens sociaux anciens se disloquent sans que, faute de réformes, de nouvelles solidarités les remplacent ; passer des villages aux banlieues n'est pas ressenti comme un progrès.

En Europe, l'homme a le sentiment d'être laissé à lui-même, victime d'événements sur lesquels il n'a plus aucune prise ; au même moment les principes moraux auxquels il était attaché et qu'il prétendait avec un mélange de forfanterie et d'hypocrisie avoir répandus partout dans le monde sont fragilisés : le pluralisme, le règne de la loi, le respect de la dignité individuelle. Les capacités de réaction et la volonté morale des vieilles nations s'affaiblissent, les rivalités économiques et politiques se déchaînent dans un univers où la loi du plus fort ne joue plus au profit d'un seul, le plus puissant, incontesté ; désormais, ils sont plusieurs à s'en prévaloir et à ne pas savoir s'accorder entre eux.

Dans tous les domaines de l'activité humaine, la mondialisation, inévitable, gagne, favorisant et menaçant à la fois la liberté, créant le désordre sans qu'émerge un ordre nouveau. Comme toujours, comme partout, la liberté, pour bénéficier à tous, doit obéir à un ordre égal pour tous ; il ne faut pas seulement y astreindre les individus, mais également les États. Ce n'est pas le plus facile !

*Pour se protéger du désordre, la société
internationale doit être soumise à des règles*

Les États constituent une collectivité qui répugne à l'anarchie, tend à l'organisation sans y être jamais vraiment parvenue. Depuis toujours, les traités internationaux y contribuent ; plus récemment, les règles qu'édictent les organismes internationaux institués à cet effet. Niant la réalité de ce mouvement historique, et comme s'ils croyaient à un ordre naturel atteint automatiquement par une liberté sans entraves ni contrôles laissée aux États, les conservateurs d'aujourd'hui refusent les contraintes au nom du principe de souveraineté ; tels les partisans extrémistes de la liberté économique, ils jugent que seul le jeu des pouvoirs laissés à eux-mêmes permet à la collectivité internationale d'aboutir au résultat le meilleur pour tous. L'égoïsme est la tentation permanente du nationalisme comme du libéralisme ; il conduit à l'impuissance, voire au chaos ; on le voit bien quand l'Europe ne sait pas choisir la place à réserver à la souveraineté des États pour assurer sa propre survie comme la leur.

On connaît les risques de la mondialisation : concurrence effrénée, anarchie, inégalités ; maux déjà sans remèdes dans le cadre national. Mais puisque la compétition se déploie à l'échelle de la planète, la liberté économique et l'émulation entre les nations doivent s'accommoder des réalités nouvelles. Ainsi que le constate Pierre Hassner, la mondialisation met en cause le rôle et l'existence même de l'État national, tout comme l'existence de l'arme nucléaire met en question la guerre en tant que dernier recours de la puissance ; pour autant, la paix n'a pas gagné ! Les guerres civiles, les conflits ethniques et religieux, le terrorisme, la violence sociale tirent profit de l'affaiblissement des États, dépossédés du monopole de la puissance. Désormais, les problèmes revêtent un caractère global, tandis que les États ne peuvent leur apporter que des réponses partielles et partiales. Du fait des délocalisations, des migrations, des désordres financiers, la mondialisation fait naître des réactions hostiles chez les peuples, nostalgiques d'un passé qui leur semblait plus stable, moins inquiétant. Le « souverainisme » n'a pas d'autre explication : il réclame une autorité politique de l'État qui s'affirmerait face à la violence idéologique, physique, économique. Pour autant, le primat de la politique ne consiste pas à nier la réalité, mais à la réguler, à la domestiquer à des fins supérieures. Nul État ne peut plus y parvenir seul. La revendication de souveraineté des

États ne peut qu'y perdre de son efficacité, voire de sa légitimité.

À l'intérieur des États, le libéralisme politique n'en devient pas pour autant inutile, bien au contraire ; il est le complément, le meilleur régulateur de la mondialisation organisée. Par malheur, il ne figure pas au nombre des priorités des pays qui émergent de l'arriération économique et se développent de plus en plus rapidement.

Il n'y aura pas d'organisation satisfaisante
de la mondialisation sans limitation
de la liberté des nations

Cette organisation est impossible si l'on s'en tient à la coopération entre États, qui se heurte aux limites nées des raisonnements à court terme, des égoïsmes traditionnels, des réactions jugées électoralement utiles. Pour être efficace, elle supposerait une véritable autorité mondiale s'imposant aux États, encadrant leurs comportements, proscrivant les excès de leur indépendance, limitant le champ dans lequel ils peuvent agir à leur guise.

J'ai longtemps cru que la mondialisation nécessitant pour fonctionner sans dommages de véritables règles mondiales l'on pourrait, après nous en être convaincus nous-mêmes, parvenir à en convaincre nos partenaires. Ainsi la clé de tout, c'est la réforme du système monétaire international sans laquelle le désordre économique né de la fluctuation désordonnée des monnaies entre elles ne reculera pas ; or, sous prétexte de garder les mains libres, la plupart des États sont attachés à la fluctuation des monnaies afin d'en émettre la quantité qui leur convient à des taux qu'ils fixent eux-mêmes au moment qui leur convient. C'est là refuser l'idée même d'une mondialisation organisée : là-dessus, aucun progrès n'est en vue.

Quelques pas ont été faits, tels l'extension du rôle du G8, la création du G20, le développement des interventions de l'Organisation internationale du travail ou du FMI, les différents accords destinés à limiter la pollution, à faire respecter partout des règles de protection sociale élémentaires, qu'il s'agisse des salaires ou de la sécurité au travail. Prises de conscience nécessaires, parfois efficaces, mais insuffisantes. Si l'on s'en tient là, on peut espérer qu'une coopération active entre les États de bonne volonté – ce n'est pas le cas de tous ! – parvienne à quelques résultats ; mais c'est une véritable autorité mondiale dotée d'un pouvoir de décision s'imposant à tous qui serait indispensable quand la crise s'aggrave comme actuellement. Chimère ? Aujourd'hui, sans doute. Soyons-en conscients : faute de cette autorité, la mondialisation ne profitera qu'aux plus forts ; soyons lucides, aussi : il n'est pas sûr que l'Europe figure longtemps parmi ceux-là.

La mondialisation sans règles fait naître l'inquiétude, elle ressuscite le désir de protection. Favorise-t-elle l'État-nation ? Je crois le contraire : la mondialisation affaiblit les capacités et les compétences des États tout en les crispant sur leur volonté d'indépendance ; la nation peut être protégée par une mondialisation organisée, elle est menacée par l'anarchie d'une mondialisation laissée à elle-même au profit des plus puissants. Il n'empêche : partisans de l'extrême gauche comme de l'extrême droite se rejoignent dans l'apologie de l'égoïsme des États ; aveuglés par leurs ressentiments de toujours, ils refusent d'admettre que seule une autorité internationale efficace pourrait, loin de menacer les nations, les défendre, les aider à préserver leur rôle contre la prépondérance des plus grands.

Le besoin de protection que ressentent les hommes pris de court par un changement trop rapide ne peut être pleinement satisfait que dans le cadre international. À défaut d'y parvenir d'emblée dans le cadre mondial, il faut imaginer des étapes permettant d'atteindre les mêmes fins. La prochaine, déjà esquissée, sera la création de grandes régions économiques, chacune souvent dominée par une puissance prépondérante, organisant entre ses membres le fonctionnement des marchés, la concurrence, veillant à l'harmonisation des structures économiques, financières, fiscales, sociales, environnementales. C'est dans ce cadre régional que l'Europe tente de réduire les dépenses collectives des États qui composent l'Union, afin de diminuer leur endettement, de redonner vie à leur activité, de retrouver dynamisme, compétitivité et croissance ; puisque, depuis la Seconde Guerre mondiale, elle a cessé d'être le rentier du monde imposant à tous sa loi, bénéficiaire d'une position dominante acquise depuis des siècles, elle doit en tirer les conséquences, ne plus prétendre demeurer un modèle alors que d'autres progressent plus vite qu'elle.

Si une autorité au niveau de la planète est encore une chimère, elle est possible au sein d'unions régionales plus ou moins inspirées de l'Union européenne. Déjà, autour des États-Unis, de la Chine, du Brésil, de l'Inde, elles sont en voie de constitution. C'est de la coopération entre ces unions régionales qu'on peut espérer une organisation plus juste et harmonieuse de la mondialisation. L'on y parviendra si on y voit plus clair entre les compétences relevant du niveau national, celles exercées au niveau régional et, moins nombreuses, celles mises en place à l'échelle mondiale, telle la résurrection d'un système monétaire international stable. Ce serait la prochaine étape de la régulation indispensable. La liberté de chaque État en sera limitée, mais la prospérité de tous y gagnera ; tous ont intérêt à répudier l'égoïsme.

Si nous n'y parvenions pas, l'économie mondiale risquerait de s'effondrer ; alors nombreux seraient les pays à sombrer dans la dictature, le nationalisme, le protectionnisme. De la mondialisation résulteraient l'anarchie, l'impuissance des États à la maîtriser, une violente régression économique, sociale, politique et intellectuelle.

Chacun doit s'élever au-dessus de lui-même, élargir son horizon ; nul, pas plus les États-Unis que la Chine, ne pourra affronter seul les difficultés nées de la mondialisation, ni tirer profit de toutes les chances qu'elle offre. Loin d'être menacée par les futures unions régionales, la liberté des nations en sortira fortifiée à condition qu'elles coopèrent entre elles. Aucune vie collective n'est possible, ni entre les hommes ni entre les nations, sans discipline acceptée.

La mondialisation n'est synonyme ni de la résurrection de l'État-nation, dans les bras duquel se jetteraient les hommes apeurés, ni de sa disparition. Elle affaiblit les États, entame leurs moyens d'action quand, dans certains domaines, elle ne les réduit pas à néant, mais ceux-ci subsistent. Pour protéger la nation, menacée par l'anarchie et le jeu des forces économiques laissées à elles-mêmes hors de tout contrôle, il faut organiser la mondialisation, non la refuser. Ainsi qu'on l'a constaté naguère dans bien des circonstances, l'extrême gauche et l'extrême droite se rejoignent, cette fois dans leur apologie de l'isolement de chaque État qu'elles voudraient voir se replier sur lui-même. Aveuglement nuisible, à contre-courant du mouvement de l'Histoire. Ce n'est pas dans le seul cadre national qu'on peut réduire le désordre, ni répondre au besoin de protection des peuples.

Progrès de l'Europe et liberté des nations

Entre le culte de l'État-nation qui l'éloigne d'une Europe mieux organisée, et la nécessité, pour elle comme pour tous ses partenaires européens, de coopérer mieux pour compter davantage, la France ne parvient pas à sortir de ses contradictions. Aux yeux de tous ceux qui ont l'esprit et le cœur tournés vers le passé, l'État-nation est la meilleure garantie de l'indépendance collective comme des intérêts individuels, la seule à pouvoir assurer la liberté.

On va jusqu'à utiliser de Gaulle en caricaturant sa pensée et son action comme si elles étaient synonymes de recherche de l'isolement et de facilité du court terme. De Gaulle, c'est l'appel à l'effort, au courage, mais aussi l'intelligence de l'avenir. Un homme intraitable qui voulait restaurer un État fort, sans nul doute. Qu'est donc le 18 juin ? Une révolte héroïque et, au début, solitaire, mais d'abord – de Gaulle l'a dit et redit – la conviction que la France n'était pas seule, que la guerre était mondiale. De retour au pouvoir en 1958, l'une de ses premières décisions fut la mise en œuvre, sans tarder, du traité créant le Marché commun européen, signé peu auparavant par ceux qui l'avaient précédé. Imprégné du sens de l'Histoire, de Gaulle avait l'esprit trop supérieur pour en négliger les enseignements. Sa constante apologie de l'union de l'Europe, afin de résister aux deux blocs alors antagonistes, en fut la manifestation. Il savait que le temps faisait son œuvre, que le monde avait changé, que la France n'était plus aussi puissante, qu'elle ne pouvait se passer de partenaires solides et durables. Comme souvent avant bien d'autres, il avait compris qu'après deux guerres mondiales l'équilibre des forces avait changé, que la France ne conserverait prestige et puissance que grâce à l'influence qu'elle exercerait au sein d'une Europe organisée dont il alla même jusqu'à proposer à nos partenaires qu'elle eût un contenu politique et militaire. Utiliser son nom pour justifier une manière d'isolationnisme travestit son message.

De nos jours, marqués par l'inquiétude née aussi bien de la crise économique mondiale que de l'émergence de puissances nouvelles qui lui portent ombrage, l'Union européenne est atteinte par le discrédit, comme si ne comptaient pas les résultats inespérés qu'elle a obtenus : la création d'une vaste zone de plus de 400 millions d'habitants où les échanges commerciaux se sont développés pour le profit de tous ; l'organisation de la libre concurrence aussi bien entre les États qui la composent, qu'entre elle et le reste du monde, tout en ne parvenant pas, il est vrai, à la fonder mieux sur la réciprocité ; l'esquisse encore inaccomplie de la régulation de l'immigration ; l'institution, non sans se laisser aller à quelque naïveté, de la libre circulation des personnes ; surtout, la création d'une monnaie unique se substituant à celle de dix-sept pays qui la composent, mais sans en voir les implications économiques ni mettre en œuvre les adaptations institutionnelles indispensables, si bien que cette nouvelle zone monétaire est aujourd'hui dé-stabilisée, faute d'une politique économique et budgé-taire harmonisée entre ses membres.

Si elle veut assurer son avenir, l'Europe a l'impé-rieuse obligation d'apporter des réponses à trois ques-tions fondamentales : Est-elle déterminée à prendre toutes les mesures nécessaires pour assurer la survie de la zone euro et éviter l'éclatement de l'Union tout entière ? Est-elle déterminée à se doter d'institutions qui lui permettent de prendre des décisions efficaces et rapides, afin d'affirmer sa puissance et son influence face au reste du monde ? Comment va-t-elle faire face à l'ébranlement de l'ensemble du monde musulman alors qu'elle est la première concernée par le désordre qui menace à ses portes ?

À la considérer aujourd'hui, l'Union européenne donne un sentiment d'inachèvement, voire d'échec, comme si elle était impuissante à endiguer le déclin d'un continent qui a inventé la civilisation moderne et constitue encore la plus importante région de production et d'échanges au monde. À beaucoup l'actuel modèle semble épuisé. On ne peut vouloir une Europe solide et influente qui se donne force et efficacité afin de mieux protéger les nations qui la composent, et vouloir aussi préserver la liberté d'agir intégrale de chacune de ces nations. Il faut choisir.

L'Europe est indispensable. Naguère, au gouvernement, j'ai participé à des réunions internationales où les nations européennes s'opposaient les unes aux autres sous l'œil intéressé de leurs partenaires qui s'amusaient de leurs dissensions ; j'ai ressenti rudement la faiblesse de la France isolée. L'union de l'Europe est l'avenir commun à toutes les nations du continent, elles n'en ont point d'autre qui vaille. Mais son organisation, telle qu'elle fut conçue au milieu du siècle dernier, était à bien des égards technocratique ; elle reposait sur le pouvoir donné à une Commission, certes désignée par les gouvernements, mais composée de responsables entre les mains desquels reposaient les seules possibilités d'action efficaces. Au fil des ans, elle a été corrigée au profit du Conseil qui rassemble les chefs d'État et de gouvernement, comme de l'Assemblée européenne élue au suffrage universel, l'un et l'autre dotés de pouvoirs nouveaux. De ce fait, son architecture est devenue confuse, caractérisée par la concurrence entre le Conseil européen doté d'un président durable élu pour deux ans et demi, la présidence des divers comités de ministres qui tourne tous les six mois entre les vingt-sept États, la Commission, le Parlement. Qui symbolise l'Europe, quel organisme, quelle personnalité, avec quels pouvoirs ? À force de respecter la diversité des nations, sa construction est tellement équilibrée que nul ne sait toujours à qui s'adresser, ni qui décide, et en quel domaine.

L'ouvrage doit être repris afin de clarifier le rôle et les pouvoirs de chacun tout en respectant autant qu'il est possible la personnalité des nations.

Il y a vingt ans, je me suis convaincu qu'une construction monolithique et homogène de l'Europe était impossible ; j'ai proposé qu'elle fût organisée *par cercles* regroupant, selon les compétences nationales mises en commun, les États qui désiraient s'associer plus étroitement entre eux : cercle commercial de droit commun, cercle monétaire, cercle militaire, cercle de sécurité, entre autres. Ce concept fut critiqué par tous ceux qui voyaient dans une telle souplesse une atteinte à l'unité de l'Europe. Chacun admet désormais que cette proposition constitue la seule solution possible, qu'elle correspond aux réalités d'une diversité de situations et d'ambitions telle qu'on la constate actuellement. Que de chemin à parcourir pour y parvenir !

Tout d'abord, il faut organiser la zone euro, devenue le socle de l'Union. Aujourd'hui, elle est en danger parce que les États n'ont pas respecté leurs obligations si bien que leur endettement devient intolérable et que, réduits à eux-mêmes, ils sont impuissants. Leur solidarité est vitale pour l'Union, elle suppose que tous fassent les efforts nécessaires. Elle compte dix-sept pays ; tous ne remplissaient pas à l'origine les conditions nécessaires, mais, sauf fait nouveau inévitable, il est trop tard pour remettre en cause leur participation, à condition toutefois que – ainsi que je l'ai proposé il y a des années – soient créés des mécanismes propres à prendre, à la majorité des États membres, les décisions économiques, budgétaires, fiscales indispensables à la survie d'une monnaie unique. Inutile de susciter des polémiques en recourant au terme de fédéralisme : mais c'est bien de cela qu'il s'agit. Faute de quoi, la zone euro volera en éclats.

L'Europe à vingt-sept, qu'il n'est pas souhaitable d'élargir prochainement, tant sont nombreux les problèmes à résoudre pour qu'elle atteigne à l'équilibre, constitue un vaste espace commercial uni aussi par des principes communs, s'agissant du respect du droit des personnes et de la liberté de circulation. Les règles de son fonctionnement devraient être remises en cause. Comment respecter mieux les droits et les intérêts des pays sans tenir un compte plus exact du chiffre des populations de chacun pour établir la pondération de leur voix au sein des différentes instances de décision ? Le mythe de l'égalité entre tous les États européens, quelques-uns, nations issues d'une histoire millénaire, comptant plusieurs dizaines de millions d'habitants, alors que d'autres, longtemps simples circonscriptions administratives, n'en comptent que quelques centaines de milliers, est voué à disparaître. Les décisions sont trop difficiles à prendre ensemble, d'autant plus que l'enchevêtrement des compétences et des divers organismes communautaires constitue une source supplémentaire de retards et d'inefficacité. L'Europe a besoin de voir ses institutions réécrites, clarifiées, fondées sur les réalités de la puissance et de l'influence de ses membres.

Le moment n'est pas venu de tenter de faire de l'Europe une nation. Ce ne sera pas le résultat d'une décision simplement politique, c'est toute une évolution culturelle, sociale et morale qu'il convient de favoriser. Rêver à l'élection au suffrage universel d'un pouvoir exécutif européen dont on peut se demander dans quelle langue il s'exprimerait alors que l'usage officiel de plus de vingt d'entre elles est autorisé, n'est qu'une chimère !

Justement, il est une cause des défaillances européennes que l'on n'évoque jamais : l'absence d'une langue commune à tous. Tout au long de l'Histoire, les empires se sont constitués sur la base des intérêts commerciaux communs, de la force militaire, mais aussi autour d'une culture et d'une langue communes : c'est vrai de la Chine, de l'Empire romain, de l'Empire britannique, des États-Unis, de l'Union soviétique ; cette langue, l'Inde a su la trouver dans l'anglais, tandis que l'Europe la cherche encore.

Plus de vingt langues sont régulièrement utilisées, et un lourd cortège de plusieurs centaines d'interprètes accompagne les réunions itinérantes entre Bruxelles, Luxembourg, Strasbourg, d'autres villes encore, ce qui n'ajoute guère à la clarté des délibérations ni à la rapidité des décisions à prendre. J'ai encore le souvenir d'un Conseil européen où chacun s'exprimait dans la langue de son pays, mais où le Premier ministre belge eut recours successivement au flamand et au français ! L'Europe n'aura de véritable existence institutionnelle, c'est-à-dire politique, que le jour où les représentants des États qui la composent se trouveront obligés de s'exprimer en une ou deux langues seulement.

L'Union européenne ne peut être fondée que sur la coopération entre les nations, représentées par leurs gouvernements : il en sera longtemps ainsi. Un progrès décisif serait franchi si l'on passait de la règle de l'unanimité à celle de la majorité qualifiée pour les décisions à prendre en commun. Cela semble acquis en matière budgétaire au sein de la zone euro, mais il faut aller plus loin. Qui y est décidé ? Nous-mêmes, Français, le sommes-nous ? Et qu'en est-il de l'Allemagne, chaque jour plus consciente de sa puissance recouvrée ?

Aujourd'hui, l'Union européenne traverse une crise grave. Celle-ci lui offre l'occasion de prouver sa solidité et sa pérennité si elle parvient à la dominer grâce à une solidarité plus active entre ses membres et à une compréhension plus juste des besoins de chacun. Il lui restera à tirer les leçons de ce qui est la plus grande épreuve qu'elle ait connue depuis sa naissance, à se montrer plus ambitieuse dans ses institutions. Il est temps que l'Europe se décide à exister comme entité réelle sur le plan international, et non plus comme une collection de volontés nationales disparates, avec tous les risques économiques, politiques, sociaux qui en résultent.

Mais il se peut qu'elle ne surmonte pas la crise, que l'euro disparaisse, que l'Union européenne vole en éclats. Dans ce cas, l'Allemagne ne manquerait pas de constituer autour d'elle une « zone deutschemark » qui regrouperait sans doute huit à dix pays, les autres étant laissés à eux-mêmes dans le désordre et la faiblesse. Alors le choix serait clair : ou bien se contenter de cette situation, voir les nations européennes continuer à s'affaiblir et leur influence à décroître en se contentant d'une diversité nationale si mal organisée qu'elle priverait le Vieux Continent de toute autorité et de toute crédibilité ; soit sortir de cette situation dangereuse et bâtir une Europe fondée sur la réalité, c'est-à-dire sur la création d'un véritable pouvoir politique contrôlé par les gouvernements nationaux déléguant à ces autorités une partie nouvelle de leurs capacités de décision. Ce serait une renaissance de l'Union européenne sur des bases plus réalistes, plus vraies, plus ambitieuses aussi.

Les nations doivent renforcer leur cohésion au sein d'une Europe mieux organisée, faute de quoi leur destin répéterait celui des cités grecques dispersées, faibles, n'ayant de choix qu'entre la domination d'Athènes et celle de Sparte, en attendant celle des Macédoniens, puis des Romains.

Un pouvoir universel
éviterait-il l'anarchie ?

Les dangers sont plus nombreux que jamais : augmentation rapide de la population, énormes mouvements qui déplacent les hommes d'un continent à l'autre, rivalités religieuses, résurrection de vieux antagonismes ethniques, désordres de l'économie, terrorisme international, insécurité, dissémination nucléaire, trafics d'armes, criminalité. Le vieux monde s'est écroulé non sous les coups d'une guerre générale ou d'un conflit de civilisations, mais en raison de son incapacité à édicter les règles utiles pour maintenir la paix, éviter les dictatures, préserver les droits de l'homme, régulariser les mouvements commerciaux et financiers. Seul un pouvoir mondial pourrait éviter que le désordre ne gagne davantage. Encore ce pouvoir ne devrait-il pas se limiter à un rôle de médiation, mais être en mesure de rendre de véritables arbitrages s'imposant à tous. Le respect de l'équilibre entre les puissances, celui de la diversité des nations ne doivent pas conduire à l'impuissance !

Est-ce possible ? Peut-être, mais que d'obstacles à surmonter ! Il faudrait que l'organisation mondiale mette fin à l'usage qui, au sein de l'Assemblée générale des Nations unies, attribue une voix égale à chaque pays, quelle que soit son importance, ce qui éviterait les scandaleux arrangements qui, il y a peu, ont porté la Libye, où régnait une tyrannie, à la présidence du Comité des droits de l'homme ; que le Conseil de sécurité fasse une place aux puissances qui émergent, représente plus fidèlement le monde nouveau dans lequel nous sommes entrés ; que ses compétences soient définies plus précisément, aussi bien dans le domaine économique, financier et commercial, que dans les domaines diplomatique et militaire ; que le principe soit le recours à la majorité qualifiée afin que le pouvoir d'arbitrer puisse s'exercer dans sa plénitude. Qui pourrait raisonnablement espérer réaliser pareille ambition dans la prochaine génération ? Force nous sera de nous accommoder de ce qui existe, en l'améliorant étape par étape. Ce sera long, car le goût des vieilles nations pour l'indépendance n'est pas près de s'éteindre ; celles qui ressuscitent, dans la rancune envers les pays qui les ont opprimées ou dans l'orgueil d'elles-mêmes, ne sont pas plus portées à abdiquer leur émancipation qu'à renoncer aux délices de leur indépendance retrouvée.

J'y reviens : dans les temps qui s'ouvrent, l'équilibre du monde dépendra d'institutions régionales créées chaque fois autour de la puissance la plus importante – le couple franco-allemand en Europe, les États-Unis en Amérique du Nord et dans le Pacifique Est, le Brésil en Amérique latine, la Chine dans le Pacifique Ouest, l'Inde tout autour de l'océan Indien. Il y a peu, on aurait évoqué le modèle de l'Union européenne dont les membres qui ont commencé à coopérer par le commerce et poursuivi par la monnaie entreprennent maintenant d'étendre la coordination de leur action à la gestion économique et budgétaire, en espérant parvenir un jour à des politiques communes en matière diplomatique et militaire ; ses actuelles difficultés ont cessé d'en faire un modèle. Chacun s'organisera comme il l'entend. Ces unions régionales, quoi qu'il en soit, devraient concerner non seulement l'économie et la monnaie, mais aussi l'environnement, la culture, adopter et mettre en œuvre des principes respectueux des droits, ceux des nations comme ceux des hommes.

Rien n'interdit que chaque État, pour tenir compte de la diversité de ses intérêts, puisse faire partie de plusieurs ensembles, comme on le constate pour ceux qui appartiennent à la zone euro à dix-sept, à l'Union européenne à vingt-sept, à l'Union pour la Méditerranée, plus nombreux encore, à l'OTAN, comme les États-Unis et le Canada, à l'Organisation pour la sécurité et la coopération en Europe qui en regroupe plus de quarante, dont quelques-unes situées en Asie, sans oublier les relations étroites que certains d'entre eux ont nouées avec la Russie. Il ne s'agit pas d'enfermer chaque peuple dans un cadre unique, mais de lui permettre de choisir ce qui convient le mieux à ses besoins. C'est le moyen d'éviter conflits et fractures, conséquences inévitables de rapprochements artificiels.

La crise actuelle conduit à la résurrection des nationalismes, avec leur habituel cortège d'égoïsmes ; la tentation du repli sur soi est renforcée par la critique sans nuance de la mondialisation économique et technique, source de tous les maux aux yeux des dirigeants des États amateurs de prétexte leur permettant de fuir leurs propres responsabilités.

Il n'y a aucune chance que soient instituées dans un avenir proche des règles mondiales contraignantes s'imposant à tous. Si l'avenir voit la création autour des grands pays d'ensembles régionaux organisant les échanges, protégeant la production, éventuellement favorisant l'émergence de zones monétaires autour du pays le plus puissant, ce sera bien, mais le succès restera encore limité. Il n'y a pas grand espoir que, de ce fait, le désordre se trouve considérablement réduit à l'échelle de la planète ; pour des raisons de nationalisme mal compris, de volonté d'indépendance sans limites, ces ensembles régionaux refuseront de créer un véritable système monétaire international s'imposant à tous. Dès lors, les fluctuations monétaires perdurant, la manipulation des taux de change et la création monétaire conduisant à l'instabilité, le monde vivra sans ordre. Je ne crois pas, je n'ai jamais cru aux automatismes réparateurs des erreurs humaines tellement chers aux libéraux extrémistes.

Rappelons-nous que le monde a connu à la fois une grande prospérité économique et la stabilité financière au XIXe siècle, qui ne fut possible que parce que l'univers était soumis à un système monétaire solide fondé à la fois sur l'or et sur la livre sterling britannique, sanctionnant la mauvaise gestion et favorisant le retour à la stabilité ; que le système a été détruit par la Première Guerre mondiale, source de déficits publics, d'endettement, de dévaluations, de révolutions ; qu'on a tenté de le ressusciter, ce qui n'a pas empêché la crise de 1929 due, déjà, à une insuffisance de la réglementation. Y a-t-il une chance pour que, déceptions après échecs, espérances frustrées après aveuglements, les puissances prennent conscience que rien n'est possible si elles ne s'accordent pas toutes entre elles et ne se soumettent pas à une règle du jeu qui s'impose sans exclusive au profit de quiconque ? Aujourd'hui, j'en doute.

Peut-on espérer l'institution d'une autorité politique mondiale, ce qui supposerait une révision fondamentale de la répartition des pouvoirs entre les puissances au sein de l'Organisation des Nations unies ? Je ne le crois pas non plus. Durant des dizaines d'années encore, nous serons victimes de désordres à répétition, trop attachés que nous sommes au nationalisme, incapables de nous défaire de nos égoïsmes.

Un pouvoir mondial est un rêve hors d'atteinte. Nous ne sommes pas encore sortis d'un monde de nationalités jalouses et d'égoïsmes méfiants. Ce qu'on peut espérer, c'est un monde où plusieurs ensembles coexistent, se font face, et, pour peu qu'ils le veuillent, s'équilibrent pacifiquement en surmontant leurs ancestrales rivalités dans l'intelligence de leurs intérêts communs, un monde où le commerce et la finance seront les véhicules de la puissance, mais où compteront aussi l'influence conférée par le pouvoir militaire, le rayonnement de la culture, et surtout le respect d'autrui. Car à défaut d'institutions, seule la morale pourrait apporter au monde un peu plus de sérénité et garantir à la liberté un avenir. Persistons à l'espérer.

Quelle régression intellectuelle et politique, quel contresens historique, au mépris de toute cohérence, de toute lucidité ! On fait l'apologie de l'État, principal responsable de nos malheurs, tout en refusant d'adopter les règles collectives qui permettraient de faire face à la situation dangereuse dans laquelle se trouve le monde ; pour mieux assurer les prérogatives des États comme les droits sociaux des individus, on entreprend de limiter les libertés, d'étendre les contraintes, d'alourdir le poids des impositions, le tout sans aucun succès.

Comme j'aurais aimé croire ce monde voué à la liberté ! Il y a certes des signes encourageants : la communication plus facile entre les peuples, à travers les continents qui développent à la fois leurs rivalités et leur compréhension mutuelle, l'effondrement d'un certain nombre de dictatures, la libération de l'Europe de l'Est, de l'Amérique du Sud, des pays arabes, Égypte ou

Libye, révolutions de la liberté et de l'indépendance nationale.

Liberté inévitable ? Ne réinventons pas la fin de l'Histoire. L'Histoire n'a pas de fin, la démocratie n'est pas son but unique. À voir l'évolution de la Chine, de la Russie, d'une partie de l'Afrique, qui peut croire que la mondialisation conduise nécessairement à la liberté ? À la liberté économique, peut-être, dans la mesure où elle est jugée plus efficace pour parvenir à la puissance. À la liberté politique, certes non ! L'influence de l'Occident se borne à privilégier des procédés favorisant le développement matériel ; son influence morale, que définit le respect des droits de la personne, n'est pas près d'être acceptée partout.

Le monde offre le spectacle du désordre, comme si toute règle était impossible, empêchée par l'aveuglement des conformismes, l'impuissance des moyens de droit face à la souveraineté des États. Aujourd'hui règne moins la liberté que l'anarchie dont s'accommodent les esprits bornés et les caractères égoïstes, l'absence de loi commune résultant des efforts conjugués du nationalisme, du populisme, du chacun-pour-soi et de l'aveuglement.

Le poids des conformismes est si violent que, l'État revenu à la mode, on risque le discrédit à se dire attaché à la liberté. Je suis libéral, je le demeure. La liberté est le ferment du progrès, mais une politique libérale aujourd'hui ne saurait être un simple décalque de celle du passé. Les temps ont changé : au XVIIIe siècle, il s'agissait d'affirmer les droits de l'homme ; au XIXe, l'indépendance des nations ; au XXe, la justice sociale et la régulation collective ; au XXIe, c'est de mondialisation et de partage de la puissance entre l'Occident et l'Asie qu'il est question.

La liberté a changé d'avenir, ce n'est plus le même qu'hier. Partout dans le monde l'homme veut élargir ses possibilités, s'épanouir, se dégager des contraintes ancestrales ; mais il est encadré par la technique, bridé, conditionné, réduit à s'adapter à un modèle qui se veut uniforme. La mondialisation ne consacre pas la diversité, elle la rend plus difficile.

*

Que de forces jouent contre la liberté ! Le poids de l'Histoire, l'intérêt des États, la passion de justice, l'ambition de toujours, enfin : celle de dominer la nature, de refuser ce qui est. Quant à la classe intellectuelle, son modèle demeure encore et toujours, quelque costume qu'il revête, le despotisme éclairé.

Privilégier la liberté, c'est avoir confiance en l'homme, c'est-à-dire admettre l'imprévisible. Les intellectuels aiment planifier, gouverner l'avenir, ils redoutent d'être pris de court ; les hommes de pouvoir aussi. Or, la liberté peut avoir des résultats inattendus. On le constate dans les pays libérés de la tyrannie communiste comme dans les pays arabes qui, mettant à bas les dictatures, font naître un printemps dont nul ne prédit le sort qu'il réservera à des centaines de millions d'hommes. L'optimisme est réconfortant, le simplisme en est hélas le prix. Le libéralisme ne propose pas de solution évidente et automatique à tous les problèmes, il est en concurrence avec les religions, avec les idéologies collectivistes ; c'est sa faiblesse, c'est aussi son mérite.

*

Je le maintiens : il faut que la France s'adapte à la réalité ; pas à n'importe quel prix : en préservant sa personnalité, en respectant son histoire, mais en ne reculant pas devant le changement ; qu'elle cesse de s'en prendre au reste du monde, qui serait seul responsable de ses déceptions et de ses échecs ; responsable elle l'est aussi par forfanterie, par aveuglement, par démagogie. Le vrai patriotisme, c'est de vouloir que la France se renforce en acceptant d'évoluer. L'humanité entière n'attendra pas qu'elle en prenne conscience de bonne grâce ! Qu'elle cesse de proclamer son attachement inconditionnel à un modèle social qu'elle prétend offrir en exemple et qui succombe aux coups de boutoir de la réalité ; qu'elle renonce à revendiquer, comble du ridicule, sa fidélité à un programme du CNR vieux de soixante-dix ans, de maintenir un niveau de dépenses collectives insupportable, alors que l'Europe se traîne dans la récession et que le reste du monde, lui, va de l'avant.

Les réformes indispensables pour libérer une société qualifiée de bloquée, chacun les connaît. C'est justement l'inertie qui s'oppose à leur adoption, ou la retarde. On sait bien ce qu'il faut faire, mais on redoute de s'y décider. Tout sert de prétexte à différer les choix indispensables : la crise économique mondiale, plus récemment, mais, bien auparavant, la crainte des conflits sociaux, le souci de favoriser l'adhésion d'une société rétive aux changements, et par-dessus tout le souci de plaire pour gagner les élections. Pourquoi redouter les conflits sociaux ? Ils sont dans la nature des choses, c'est l'expression même de la liberté. On peut les éviter, en atténuer la violence, en faisant effort pour éclairer l'opinion, la convaincre que sans changement il n'y aura ni amélioration des revenus du travail, ni préservation des positions acquises, ni protection durable. La démagogie aime à se dissimuler derrière une fausse générosité. Rien de plus malfaisant que le sempiternel discours tenu depuis une génération par la plupart de ceux qui ont dirigé l'État, justifiant leur immobilité par leur volonté de préserver les droits acquis, la louange d'un modèle social maintenu intangible parce que supposé bénéfique. Ce conformisme, immobilité née de la sclérose de l'esprit jointe à la timidité de la volonté, empêche la prise de l'indispensable conscience collective.

*

Aujourd'hui où la liberté est l'objet du même discrédit que la mondialisation, le besoin n'en est que plus grand d'instaurer une règle du jeu universelle que les nations seraient contraintes de respecter, faute de quoi leur seul recours résiderait dans la violence de leurs affrontements.

Tout est lié : on n'échappera ni à la mondialisation, ni à l'abaissement des frontières. Le vieux monde ne ressuscitera pas. La liberté demeure l'instrument le plus efficace du progrès : le nationalisme est dépassé, le protectionnisme, dangereux. Le besoin d'une discipline universelle ne doit pas conduire au rejet des principes inspirant le libéralisme, qui garantissent à la fois le respect des droits individuels au sein des nations comme le respect des intérêts légitimes des nations dans leur compétition.

*

Nul ne pourra étouffer l'aspiration des hommes à la liberté, ni les convaincre qu'elle est à elle seule suffisante. Le piège du libéralisme, c'est d'être considéré

150

comme ayant l'égoïsme pour seul ressort. Le progrès moral de l'humanité n'est pas fondé seulement sur le respect d'autrui, mais aussi sur la volonté que chacun puisse, dans un esprit de justice, épanouir ses talents, améliorer sa condition. L'Occident est inquiet, menacé, il a besoin d'être plus fort qu'il n'est ; cette force ne peut naître que de la liberté. Mais, je l'ai toujours pensé, le libéralisme a été victime de ses partisans obscurantistes ; il a besoin d'une réforme morale.

Le jour où régnera dans le monde une liberté ordonnée dont toutes les nations tireront un juste avantage est encore lointain : la nature étant ce qu'elle est, l'égoïsme et le désordre confondus avec le désir de liberté reprendront force sous les prétextes les plus divers. Puis nous nous remettrons à vouloir derechef une liberté juste. Tout recommence, tout se termine avant de naître à nouveau, jusqu'à la fin.

Paris, juillet 2012.

TABLE

Photocomposition Nord Compo
Villeneuve-d'Ascq